INTERFACES EM PSICANÁLISE E ESCRITA

FERNANDO AGUIAR
BEATRIZ GUIMARÃES
(Organizadores)

INTERFACES EM PSICANÁLISE E ESCRITA

Casa do Psicólogo®

1ª Edição
2008

Editores
Ingo Bernd Güntert e Christiane Gradvohl Colas

Assistente editorial
Aparecida Ferraz da Silva

Editoração Eletrônica
Sergio Antônio Gzeschnick

Produção Gráfica & Capa
Ana Karina Rodrigues Caetano

Foto da Capa
Mariana De Bastiani Lange

Copidesque
José Luiz de Campos Salles

Revisão Gráfica
Flavia Okumura Bortolon

Dados Internacionais de Catalogação na Publicação (CIP)
(Câmara Brasileira do Livro, SP, Brasil)

Interfaces em psicanálise e escrita/ Fernando Aguiar, Beatriz Guimarães, (organizadores)— São Paulo: Casa do Psicólogo, 2008.

Bibliografia.
ISBN 978-85-7396-558-2

1. Escrita 2. Psicanálise e escrita I. Aguiar, Fernando II. Guimarães, Beatriz

08-06693 CDD- 150.195

Índices para catálogo sistemático:
1. Psicanálise e escrita: Psicologia 150.195

Impresso no Brasil
Printed in Brazil

Rua Santo Antonio, 1010 Jardim México 13253-400 Itatiba/SP Brasil
Tel.: (11) 45246997 Site: www.casadopsicologo.com.br

Sumário

Apresentação

Há cerca de três anos, o Grupo de Trabalho Escrita e Psicanálise, vinculado ao Programa de Pós-graduação em Psicologia e ao Núcleo de Estudos em Psicanálise, da Universidade Federal de Santa Catarina, desenvolve atividades de estudo, pesquisa e extensão, e reúne pesquisadores e interessados nesta interface que enlaça psicanálise e escrita. Este livro é o resultado deste trabalho: ele se compõe de textos apresentados originalmente em conferências e seminários, organizados por este Grupo nos anos 2005, 2006 e 2007, de textos de seus componentes, bem como de professores/pesquisadores e psicanalistas convidados.

Em agosto de 2005, foi elaborado o Projeto de Trabalho Escrita e Psicanálise, oriundo das pesquisas de mestrado de Rosi Isabel Bergamaschi – *Escrita: morte-origem em psicanálise* – sob orientação do professor Dr. Sérgio Scotti (UFSC) e co-orientação da professora Dra. Ana Maria Medeiros da Costa (professora convidada do Programa de Pós-graduação em Psicanálise do Instituto de Psicologia da UERJ), e de Beatriz da Fontoura Guimarães – *Escrita e autoria: efeitos da escrita sobre o sujeito que escreve* – sob orientação do professor Dr. Fernando Aguiar Brito de Sousa (UFSC). Depois de constituído o Grupo de Trabalho Escrita e Psicanálise, a partir deste projeto, naquele mesmo ano firmou-se um Convênio de Cooperação Acadêmica Mútua entre o Programa de Pós-graduação em Psicanálise do Instituto de Psicologia da Universidade do Estado do Rio de Janeiro, então coordenado pelo professor

Dr. Luciano da Fonseca Elia, e o Programa de Pós-graduação em Psicologia da Universidade Federal de Santa Catarina, na ocasião sob a coordenação da professora Dra. Andréa Vieira Zanella.

O trabalho em psicanálise e escrita, que vem sendo desenvolvido em forma de rede, congrega diversos pesquisadores das universidades brasileiras e francesas e encontra-se vinculado à Rede de Pesquisa Escritas da Experiência, inscrita no CNPq, coordenada no Brasil pelas professoras Dra. Ana Costa e Dra. Doris Rinaldi, da Universidade do Estado do Rio de Janeiro, e, na França, pela professora Dra. Marie-Claude Fourment-Aptekman, da Université Paris 13.

Cabe-nos ainda agradecer aos autores desta coletânea pelas contribuições, que certamente farão avançar as pesquisas em torno deste eixo temático, e também a paciência com que acolheram a nossa múltipla e difícil tarefa; ao Prof. Dr. Luciano Elia, por seu prefácio sensível e preciso; ao Programa de Pós-graduação em Psicanálise, da UERJ, ao Programa de Pós-graduação em Psicologia e ao Núcleo de Estudos em Psicanálise, da UFSC, que nos garantiu o suporte institucional à realização deste projeto de trabalho, e aos componentes[1] do Grupo de Trabalho Escrita e Psicanálise, que lhe deram origem e o colocaram em marcha; enfim, ao professor Dr. Roberto Moraes Cruz (coordenador do Laboratório Fator Humano, do Departamento de Psicologia da UFSC), por sua feliz intermediação junto à Casa do Psicólogo, e à própria Editora, pelo pronto e honroso acolhimento de nossa solicitação.

Florianópolis, maio de 2008.

Fernando Aguiar
Beatriz Guimarães

[1] Beatriz Guimarães, Irene Prestes, Márcia Alves, Mariana Lange, Rafael Arns Stobbe, Rômulo Vargas, Rosi Bergamaschi e Thamara Del Mir.

Prefácio

Quem negará que a psicanálise é a experiência da fala, e da fala tomada em sua mais aguda radicalidade, aquela que propõe ao homem a palavra que, por mais desarrazoada, é a que tem a chance de dizer, ainda que pela metade, e para seu terror ou somente para seu espanto, a sua verdade?

Mas é por radicalizar o uso da palavra na fala do homem que a elaboração teórica da experiência da análise atingirá, no ápice de seu desenvolvimento discursivo, com Lacan, aquilo que já em Freud se anunciava como o que se escreve em suas entranhas: a letra.

Não há que se opor, assim, palavra e letra, fala e escrita. Se pensarmos com os instrumentos que a psicanálise nos fornece, teremos a possibilidade de nos abster das oposições massivas, binárias e nada analíticas: primazia da palavra falada *versus* prevalência da escrita; clínica do significante *versus* clínica do real; Lacan do início *versus* Lacan do final, entre outras. É de voltas, torções, viradas e atravessamentos que a elaboração discursiva da experiência psicanalítica faz seus avanços, capazes de revelar, no final, o que já insistia, velado, em seu início, virando pelo avesso o pano em que as primeiras costuras eram feitas.

Essa maneira de conceber o *modus operandi*, que rege o percurso temporal no qual o discurso analítico se desenvolve, permite tirar as conseqüências dos passos dados por Lacan, e aqueles que, mantendo com os primeiros certa homologia, foram antes dados pelo próprio Freud. O trabalho de elaborar teoricamente esses passos conduz, indiscutivelmente, à análise do lugar da escrita na psicanálise, lugar que, como propus, não é o antípoda do lugar da fala na experiência psicanalítica. Caso fosse, esse lugar da fala não poderia guardar todo o valor e toda a prevalência na experiência analítica, como efetivamente guarda.

Este livro, que tenho a mais elevada satisfação em prefaciar, é uma valiosa coleção de empreendimentos de escrita que seus autores deram a si mesmos como a tarefa de bem-dizer essas articulações tão fundamentais que a psicanálise vai encontrando na escrita. Mas não se detém nesse ponto: a coletânea inclui empreendimentos textuais que procuram extrair da experiência mesma da escrita (não exclusivamente articulada à experiência analítica) elementos que delineiam interfaces – belo achado que os organizadores fizeram constar do título – em psicanálise e escrita.

Quando adentramos o sagrado domínio da letra, toda escolha será implacavelmente decisiva: as interfaces de que se trata não são *entre* psicanálise e escrita, sentido que o prefixo inter do termo primeiro já indica suficientemente – para que redizê-lo? – mas *em* psicanálise e escrita, preposição que situa essas interfaces dentro, no interior de ambos esses campos – tanto o da psicanálise quanto o da escrita.

E, valendo-nos do modo como os organizadores escolheram escrever o título, podemos dizer que, *em* psicanálise, poderemos ler em algumas páginas as articulações do corpo pulsional com as marcas que sobre ele se escrevem, como faz Ana Costa, ao propor-nos uma instigante leitura do traço unário como operador da escrita de letras de gozo neste corpo. A autora traz a clínica viva, a clínica com a qual ela tem encontro diário marcado, e, atenta que é ao que essa clínica lhe traz hoje, ela a pensa, a elabora, com os recursos de uma escrita escarificadora, letra na carne, carne feita de letra.

E, em um passeio que, como a Banda de Moebius, passa da escrita à psicanálise e da psicanálise à escrita sem transpor bordas e sem mudar de lado, Beatriz Guimarães percorre psicanálise e escrita, transitando entre o inconsciente (o sonho como *rébus*, sistema de escrita), e a literatura de Allan Poe, retomada por Lacan, em seu conto *A carta roubada*, em que a autora trabalha o termo usado pelo autor no original – *purloined* – dissecando-o etimologicamente como um *por* ou *para longe*, *para o lado*, *para fora*, *posta de lado*, *extraviada*, *desviada de seu destino*. Volta à psicanálise para indicar o trajeto lacaniano da letra como instância simbólica até a letra como única abordagem possível do real – *litter*, lixo, resto, objeto.

Em outra aventura de escrita, Doris Rinaldi trabalha a invenção do real, por Lacan, e nos mostra que só a escrita poderá dar a esse real sem lei uma sustentação que seja, ela própria, real. Mas para chegar até esse ponto, que só foi possível a Lacan formular em "O sinthoma", seu 23° seminário, Lacan teve que passar por muitas formulações do real, verdadeiras escalas neste vôo bem dirigido mas não por uma "consciência humana intencional", escalas que Doris não se furta a visitar, uma por uma, dando ao leitor a possibilidade de refazer, ele próprio, o vôo.

No mesmo sentido, mas garimpando filão diverso, Ivanir Garcia nos abre para os caminhos que Lacan deu ao seu ensino, ao caminhar do que é ouvido e falado ao que desde sempre já habitava os ouvidos e as palavras: a letra e a escrita, mas que deles precisava ser extraído para o primeiro plano. E ele faz isso com a invenção do real, invenção aqui devidamente restituída ao sentido que tem em seu berço etimológico – que, curiosamente, é sempre revitalizador e não conservador em psicanálise – como descoberta que nos chega sem aviso, sem hora marcada ou programada, assim como as canções, como as paixões e as palavras, no dizer musical de Ângela Ro Ro e Ana Terra.

Andréa Zanella nos apresenta os "presumidos" – que ela nos ensina constituírem o contexto extraverbal da enunciação – e que fazem com que, mesmo na modalidade de escrita que a autora escreve escrita/descrita acadêmica, encontraremos a incidência da falha. Se "a precisão da escrita [...] é a imprecisão da leitura", o não-sentido rompe com a ordem dos sentidos estabelecidos e das enunciações regulares (Deleuze) em uma busca sem tréguas por novos sentidos, o que faz com que esta escrita possa ser lida à luz da criação, que "tem na imaginação seu fundamento" (Vygotski). Diríamos também que é o que permite que esta escrita seja lida à luz do desejo, pela Psicanálise.

Na escrita de Edson Sousa temos o prazer de degustar o uso poético da letra, da escrita, que, sobre diversas escritas diversas (o lugar do adjetivo sendo diverso quando antes e quando depois, a seqüência de palavras que precedem esses parênteses não contém pleonasmo nem redundância reais), diz algo do saber inconsciente que as atravessa, e passa, com desenvoltura de mágico (e não de mestre) dos conceitos às histórias de sua vida, contos, seus. Em um recurso literário que só certo uso muito particular da escrita permite, Edson nos revela que a verdadeira visão não é questão oftálmica, mas depende das letras que um amigo seu (Evgen Bavcar), fotógrafo, cego desde os 12 anos, pôde escrever em seu olho e em seu olhar permitindo-lhe intuir o encontro com um cavalo, assim tornado sujeito, cujo nome de batismo é "Quero-ver".

Em um plano já mais situado *em* escrita, mas tendo a psicanálise como verdadeiro lençol d'água, poderemos encontrar as metáforas do soterramento inconsciente que assola, de formas diferentes, porém casadas, a Pompéia ressuscitada pela Gradiva, o desejo sexual trazido à tona pela análise freudiana, e o assassinato de um judeu russo na Guarapari do século XX, na obra de Osman Lins (*Domingo de Páscoa*), cuidadosamente trabalhada por Ana Luíza Andrade.

Sérgio Scotti faz, com efeito, uma leitura psicanalítica da letra literária de Joyce. Sua empreitada, nada fácil, nos mostra que esses dois discursos podem, mais do que conversar entre si, atravessar-se, moebianamente, sem perder, cada um, a sua particularidade discursiva. Partindo de Flaubert, mas detendo-se na verdade em Joyce, o autor vai-nos desenhando a dimensão real da linguagem, expressão na qual reencontramos, em uma leitura súbita, o mesmo atravessamento moebiano: não há a linguagem, de um lado, e o real, de outro, mas o real na linguagem.

Em três atos de escrita, Rosi Bergamaschi aborda três formas pelas quais Borges, lido por ela, articula ato e escrita. Na verdade, Rosi é que articula Borges e Lacan, demonstrando que, mesmo sem que Borges se tenha aproximado da psicanálise, "o sujeito fala em seus escritos", como a autora se exprime. Seja pela função do resto na escrita, seja pela impossibilidade da escrita da relação sexual (Lacan sempre assinalou que esse impossível se situa no plano da escrita daa relação, que ela não cessa de não se escrever), seja pela incidência da repetição, podemos ler o sujeito nas letras borgeanas.

Em precioso elogio das inutilidades, que se abre a nós com uma belíssima frase de Clarice Lispector, cuja força é tanto maior quanto mais o leitor se afunda em sua simplicidade, Mariana Lange nos faz saber que a psicanálise, já em Freud, ainda e sempre em Lacan, é a operação que se faz sobre os restos, sobre o que não serviu ao pensamento pragmático, utilitarista, funcional, consciente, como tal, estúpido. Mas esses restos, ela os situa na referência temporal, na temporalidade da memória inconsciente, que é coisa bem diferente da função da memória, pois que se funda antes no esquecimento que na recordação.

Rafael Villari percorre, letra na mão, a obra de Roland Barthes, mostrando a cada parada insuspeitadas conexões que esta obra mantém com a experiência psicanalítica, laços que só se sustentam pelo compartilhamento do mundo da escrita pela literatura e pela psicanálise. Assim, o estético será também epistêmico, produtor de saber, pela via do inconsciente, o que permite a rica articulação feita pelo autor entre a escrita, a pesquisa e o inconsciente.

Pensando com vigor a relação entre a linguagem e o real, Wladimir Garcia, navegando primeiramente em mares barthesianos, nos mostrará que o grau zero, o "neutro" da escrita, permite ao autor ir além da realidade circunscrita pelos discursos ideológicos, pelos mitos sociais que criam (a *pseudo-physis* em que a burguesia transforma a *anti-physis* que ela supõe ser o real), ou dos inesperados realismos que produzem (a astrologia, por exemplo), fazendo com que o autor tenha uma outra relação com o real, o que permaneceria exterior à linguagem. Passa depois a Derrida, que desmonta a "secundariedade" da escrita em relação à fala ao atribuir à escrita a dimensão da suplementaridade, e volta a Barthes, em cujo texto encontra o "tecido plural" que nos faz lembrar a cadeia significante que, como diz Lacan, se impõe ao sujeito "a muitas vozes" (tecelagem de vozes, na expressão de Ruth Brandão, citada por Wladimir).

A leitura do texto de Rômulo Vargas, *A experiência da palavra*, nos mostra, de forma primeira e inesperada, que a erudição pode ser o oposto da ostentação do saber, que a referência a muitos autores (há mais de 60 citações) não transforma o texto em uma revisão bibliográfica, que a boa cultura não é sinônimo de academicismo, pois que ele a tem e nos transmite de modo vivo, leve, agradável, sem abster-se de uma só citação, se esta lhe for cara, ou seja, vivaz, pontual e precisa. Cada um dos seus autores citados entra como um músico em uma orquestra, tendo ele, o autor, como maestro que, com sua batuta, dá o sinal para que comece a toca. E, por falar em *música*, ele nos faz saber que esta palavra, estas letras assim compostas, vem de *musa*, palavra que deriva de desejo e que significa *palavra cantada*. Bom saber disso, não? Bom saber este, não?

Uma escrita-almanaque é a impressão que a leitura de *A terceira margem da rua*, de Manoel Luce Madeira e Simone Moschen Rickes, me causou. Um almanaque é um tipo muito particular de publicação, que traz a diversidade temática e a cultura popular como marcas, articuladas por um fio condutor, que pode ser um determinado universo social, um período histórico, um território (no sentido de Milton Campos – cidade, região, bairro, canto do mundo) como eixo. Os autores escolheram o *Boca de Rua*, jornal porto-alegrense como seu fio de costura do texto. Das *Histórias de mim*, que veio a ser o nome de uma oficina do jornal, à idéia (maravilhosa, de Michel Certeau) de "tática como a arte do fraco", que a opõe à estratégia e faz do manejo do uso ágil do (pouco) tempo sua principal arma – aquela que o vendedor do jornal utiliza para vendê-lo aos motoristas dos carros detidos pelo curto tempo de um sinal fechado, os autores vão, tal como esses vendedores, fazendo da escrita de histórias (as de Natalino) sua tática. Histórias de mim, dos outros, do e com o Outro, de todo mundo, da cidade, da rua, que fazem passar o vivido pelos fios da linguagem (Manoel de Barros) e passar o vivido por uma transmissão possível, para que ele se torne uma experiência (Benjamin). É só assim que a rua ganha sua terceira margem, a única que realmente importa.

André Bolzinger nos mostrará, em escrita tão chistosa quanto rigorosa (tarefa difícil, aqui realizada com êxito e beleza) que o *Witz* – que o autor propõe não traduzir, mantendo as ressonâncias fonéticas e semânticas do barro literal do original alemão e freudiano, não apenas é ao mesmo tempo um modo da palavra e uma forma de história, mas que só é *Witz* (seguimos a orientação do autor de não traduzi-lo) se for ao mesmo tempo palavra e história, e palavra na história.

Será que essa visita em todos os quartos do palácio dos autores permitiu ao leitor ter ao menos uma idéia da sua arquitetura? A resposta a esta pergunta só poderá ser dada a partir de uma visita real, de cada leitor a cada texto, o que significa que esta resposta será singular, um a um. Por isso, nunca seria demasiado ou excessivo recomendar a cada um que inicie esta visita o quanto antes!

Rio de Janeiro, maio de 2008.
Luciano Elia

Marcas corporais: em busca do traço unário

Ana Costa

Qual a aproximação que se poderia fazer entre o cortar-se (produzir escarificações na pele), que surge em muitos quadros clínicos, e a busca de se marcar o corpo, tão em voga atualmente? Poder-se-ia pensar que o resultado não se diferencia tanto assim, principalmente se acompanharmos algumas buscas mais radicais de marcas diferenciais, inscritas no campo da *body art* ou *body modification.*[1] Cabe a indagação sobre a função mesma das marcas corporais: seria somente a busca de um lugar de inscrição? Deste lado são inscrições multifacetadas, compondo distintas temporalidades, de maneira que o que se mostra é somente suas diferenças: desde a busca de uma marca de pertença, à radicalidade de uma busca de separação/diferenciação.

Em relação ao último ponto, abrimos com um exemplo que está se tornando corriqueiro na clínica. A mãe de uma garota de 18 anos procura atendimento para sua filha por estar muito preocupada com uma determinada amizade da jovem. A garota é descrita como uma estudante dedicada – sempre se deu muito bem em tudo e soube se cuidar sozinha, sem "dar trabalho" aos

[1] Costa, A (2003). *Tatuagem e marcas corporais. Atualizações do sagrado.* São Paulo: Casa do Psicólogo.

pais. No entanto, alguma coisa se rompeu nessa imagem, o que resultou na busca de tratamento, consentida pela filha. Nas entrevistas com a jovem algo se ressalta desse "se cuidar sozinha": surgia por relação ao irmão mais novo, de quem precisou também se ocupar porque a mãe passava muito tempo fora de casa, trabalhando. Ela era o que podia ser considerado "filha exemplar": ocupava seu lugar de mais velha e responsável, sempre com as melhores notas de sua turma, já conseguindo pequenos trabalhos desde cedo, o que lhe conferia seu próprio dinheiro.

Esse quadro idílico, de correspondência entre uma imagem que lhe fora outorgada pela mãe e as respostas que ia construindo, só não era perfeito por um pequeno detalhe: a partir dos treze anos, adquirira o hábito de escarificar-se. A dor não a impressionava, mas sim o fascínio pelos pequenos filetes de sangue que marcavam seus braços. Esses atos serviam de escoamento à sua angústia. Sua mãe via as marcas desse pequeno hábito, mas, por outro lado, parecia não ver. Ela achava curioso que a mãe não tivesse dado importância a isso e sim a essa sua recente relação com a amiga.

Temos um elemento que se destaca e que toma toda sua importância: o olhar, enquanto se situa como o olhar da mãe *sobre* seu corpo, colado a seu corpo. Colagem confirmada pela cegueira da mãe em relação às marcas exibidas. Importa situar que essa referência ao olhar, que se destaca ou não (no sentido de se separar ou não), se coloca a partir de seus treze anos. Ou seja, a partir do momento em que a adolescência vai colocar em causa um corpo sexuado. Em relação à amiga, o que interpela a mãe diz respeito à suposição de uma relação erótica entre elas.

Este exemplo clínico nos permite ressaltar duas questões relevantes no que diz respeito à produção de marcas no corpo: de um lado, um exercício pulsional; de outro lado, a referência a um traço de pertença, que se alinha à definição de Lacan do "traço unário". A constituição desse traço traz toda sua importância porque subsiste como índice de uma separação. Esses elementos precisam de um maior desenvolvimento para que possamos sustentar as abordagens propostas aqui.

Para uma aproximação, precisaremos construir alguns pressupostos: tanto de desdobramentos históricos, quanto de conceitos da psicanálise. De saída, propomos a seguinte diferenciação:

- a produção de marcas no corpo fazendo parte de rituais de passagem, ou como estigmas de exclusão: neste sentido, ela estaria ligada à busca de uma produção identitária;
- a marca ligada a funções eróticas e estéticas: aqui, o que se ressalta circunscreve uma pulsionalidade, o que já situa uma maior redução em relação ao precedente;
- a marca como um furo necessário: neste ponto, o que se coloca em causa não é a busca de um velamento, como no caso anterior, mas a função do orifício, da borda – como analisaremos mais adiante;
- a marca como um resto irrepresentável: aqui, situa-se uma anterioridade lógica ao orifício, como pode ser, por exemplo, a marca/resto de um luto não inscrito psiquicamente.

O emprego da palavra "marca", nessas diferentes acepções, inclui tanto a tatuagem, o *piercing*, a escarificação e mesmo o implante de elementos estranhos ao corpo, quanto o se cortar ligado a episódios de crise. Como se vê, inclui uma ampla gama de buscas e resultados que não são equivalentes, mas que nos parece serem possíveis de aproximação, na medida em que têm em comum a busca de constituir bordas – orifícios – no corpo. As funções das bordas corporais não são simples de definir, elas fazem parte do próprio conceito de pulsão, e é por esses orifícios que fazem borda que construímos nossa erótica.

A constituição pulsional não se dá de uma vez para sempre: precisamos refazer nossos orifícios cotidianamente, nos exercícios do olhar, da oralidade, etc., pois é pelos orifícios que somos suportados corporalmente. Eles são as portas – os veículos de passagem – que colocam em causa representações de "interior" e "exterior", naquilo em que essas representações trazem de uma passagem pelo campo do Outro; ou mesmo em relação aos elementos em que essa passagem possa situar o possível, o resistente, ou o impossível.

Lacan abordou a pulsão de uma forma curiosa: ele lhe deu o estatuto de orifícios que se exercitam por meio de objetos. Esses objetos – que compõem o campo relacional primário com a mãe – são o seio e o cocô, mas também o olhar e a voz.[2] São objetos que têm uma particularidade: alimentam-se de uma espécie de corpo coletivo. O seio, por exemplo, é da mãe e da criança, porque também para a mãe seu seio – em relação à amamentação – é dela *e* da criança. Não só para a criança o seio da mãe faz parte de seu corpo; nesse momento, será assim também para a mãe. Esse objeto pulsional compõe um corpo coletivo. Ele é um elemento de conjugação. Com o cocô se dá da mesma forma, porque a criança começa a controlar os seus esfíncteres pela demanda materna. O cocô é um objeto *para* a mãe, apesar de ser da criança: apesar de constituir um orifício que é erotizado pela criança.

O olhar se compõe nas mesmas condições. O olhar é olhar do outro, mas é também a possibilidade de construir uma imagem, na qual cada sujeito possa se relacionar com seu corpo como exterioridade, compondo a possibilidade de que cada

[2] Costa, A (2004). A transicionalidade na adolescência. In: *Adolescência e experiências de borda*. Porto Alegre: Ed. UFRGS.

um se represente sendo olhado. E, por último, a voz. Esse é o primeiro objeto que se coloca em causa: é primeiro o grito e, nesse sentido, já existe desde o nascimento. Ele vai se tornar, para a mãe, uma espécie de representação de seu próprio apelo. A voz, também para a mãe, compõe um corpo coletivo, na medida em que se constitui aí, preferencialmente, o campo de seu apelo ao lugar que a criança representa para ela. A mãe constantemente interpreta o choro da criança a partir da sua representação: assim, é também sua própria voz que entra em causa. Percebemos, então, que esses objetos pulsionais não são exclusivos do corpo próprio, eles compõem um âmbito relacional.

O mais curioso é que tanto os objetos quanto os orifícios corporais – que se constituem nas relações primárias – precisarão ser refeitos pela vida afora, na medida em que representam pontos de constante tensão. Esta tensão é resultante tanto da alienação – em que o campo da satisfação, onde está em causa o objeto, é ao mesmo tempo do sujeito e do Outro – quanto da separação, onde entra em causa o orifício como borda que delimita os campos do sujeito e do Outro. É nesse sentido que se precisam reconstituir, constantemente, as bordas corporais, e nos momentos de crise podemos perceber como isso entra tão fortemente em causa. Quando, por exemplo, um olhar torna-se persecutório, como vindo somente de fora, num estranhamento de estrangeiridade. Nesse momento em que o olhar vem somente de fora – onde não se constitui numa inter-relação dialética, onde cada um busca olhar e ser olhado – alguma coisa de um olhar que não se inscreve se coloca. Assim, esses objetos pulsionais podem tornar-se persecutórios nos momentos de crise.

A essa referência do exercício da pulsão precisa-se acrescentar um elemento de grande importância no tema que estamos tratando, que é o conceito de traço unário. No seminário sobre a identificação, Lacan[3] nomeia desta forma as produções de uma inscrição com possibilidade de registro psíquico. Ele o apresenta como uma leitura do *Einziger Zug*, expressão utilizada por Freud no seu texto sobre a psicologia das massas. No entanto, o alcance desta nomeação ultrapassa a formulação freudiana, situando alguns elementos fundamentais para o desenvolvimento da proposta lacaniana. Em primeiro lugar, uma apresentação do UM como diferença, o que o faz propor a repetição como repetição de um traço diferencial. O *um* do traço unário é a inscrição de uma diferença em termos de registro psíquico. Em segundo lugar, esse registro é da ordem de uma escrita.

O autor situa sua origem nos traços que nossos predecessores – primeiros caçadores – faziam nos ossos de animais, marcando, a cada traço, o animal que abatera. O que chama a atenção de Lacan é que cada um dos traços não representa, em si mesmo, absolutamente nada e sua presença somente se sustenta na condição de diferenciação. Ou seja, cada um deles está ali por relação aos outros, o que significa que são inscrições cuja leitura dispensa o real do corpo do animal abatido. Isso implica que cada um não está ali como uma unidade fechada, mas instituindo um diferencial em relação aos outros. O unário é a inscrição de uma diferença que permite uma contagem a partir de uma separação, sendo isso que está em causa na repetição.

Não foi somente nos traços de registro de matar animais que Lacan se apoiou para apresentar o traço unário. Ele o situa também nos traços que o marquês de Sade fazia na cabeceira da cama para diferenciar e contar cada ato sexual. Temos aí as duas condições da necessidade de uma inscrição, situadas a partir da morte e do sexo. Esses dois elementos trazem a referência ao absoluto, na medida em que contêm em si mesmos o impossível de representar.

[3] Lacan, J.. Seminário 9, *A identificação*. Inédito.

A partir desses pressupostos podemos retomar o caso da garota que se cortava, sublinhando os seguintes elementos: o olhar como exercício pulsional e a constituição da imagem. Ressalta-se desse pequeno fragmento clínico a ligação entre a imagem de filha exemplar, uma imagem acabada de suficiência – ela "se bancava" sem ajuda dos pais – e os atos de escarificar-se a pele. O paradoxo da imagem apresentada era de situar, ao mesmo tempo, uma suficiência e um abandono. Se durante o período escolar, até a adolescência, a imagem de suficiência – resultante de uma alienação onde se situava também a mãe – supriu uma determinada *ausência* materna, somente *a posteriori* é possível interpretar de que ausência se tratava. Esta, não dizia respeito a cuidados primários, mas sim a uma condição de inclusão no desejo, que pudesse permitir a passagem para a referência sexuada. A fala sobre a escarificação situava o olhar materno, ao mesmo tempo, ausente e excessivo. A ausência e o excesso se concentravam nesse ato de rasurar o corpo para que a mãe olhasse e, ao mesmo tempo, registrar essa ausência no olhar. Esses cortes poderiam ser tomados como índices da perda do olhar materno, passado ao ato, como uma pré-condição de separação. A garota liga o que a mãe não viu – os cortes – com aquilo que a mãe recusa – sua escolha erótica.

A tatuagem como marca

Nossas bordas "naturais", que compõem os orifícios pulsionais, não são suficientes como função de borda – de separação – precisando de suplências constantes. Essa necessidade não diz respeito a um mau funcionamento, mas responde à heterogeneidade dos registros que nos determinam: Real, Simbólico e Imaginário. Como busca de inscrição social, por exemplo, reconhecemos, num percurso histórico, que a produção de marcas corporais acompanha os caminhos das diferentes culturas e tempos.

Podemos acompanhar mais detidamente essas questões na sobredeterminação que implica a tatuagem. Pela função de erotização, ela dá *corpo* a algo inapreensível, como pode ser o traço primeiro que funda a desnaturação do sujeito, conferindo, ao mesmo tempo, erotismo a seu funcionamento corporal. Assim, a tatuagem pode colocar em cena um representante de valor totêmico. Esse valor vai fazer com que o corpo e sua representação sejam, ao mesmo tempo, coletivizáveis e singulares. A singularidade vai dizer respeito a um traço que pode capturar o olhar do outro. E o que torna coletivo é o lugar que esse olhar pode conferir como identidade.

A aproximação a uma formação do inconsciente pode ser feita de muitas maneiras, na medida em que sua característica parece compor um hibridismo entre traço e letra. Em relação a isso, podemos citar pelo menos duas colocações de Lacan: a de que o traço unário se marca primeiro como tatuagem e de que a pulsão é uma espécie de mensagem do Outro, tatuada no nosso "couro cabeludo".[4] Sabemos que esses são dois movimentos que se sobrepõem: o traço unário resulta de um intervalo, cicatriz e rastro do objeto perdido, suporte de diferenciação (dessa referência que nos "contamos" entre outros); o movimento pulsional institui a demanda do Outro no lugar do objeto perdido, constituindo o destino de nossa errância entre objetos, sem satisfação plena. Desta maneira podemos afirmar que o se tatuar diz respeito à busca por um *apagamento* no lugar mesmo dessa marca primária. Denominamos *apagamento* aquilo que se refere a um movimento necessário de construção de representantes, para

[4] Essa referência pode ser encontrada no texto dos *Escritos*, "Subversão do sujeito e dialética do desejo no inconsciente freudiano" (Rio de Janeiro: Jorge Zahar, 1998), no qual Lacan constrói uma metáfora da pulsão como um escravo mensageiro, do tempo antigo, que leva uma mensagem que lhe foi tatuada – sem que ele soubesse – no couro cabeludo, enquanto ele dormia. Ele desconhece o texto, que o condenará à morte quando chegar a seu destino.

que algo possa ser feito com relação a essa marca, de maneira a que ela se mostre, mesmo que nos seus substitutos secundários. O que constitui memória – aquilo que se transmite – é resultante desse movimento de apagamento.

Os desdobramentos citados nos permitiram apresentar rapidamente a função de marcas ligadas a algumas das acepções destacadas inicialmente. A relação entre erótica e traço unário acompanha a condição de circulação social do corpo. Isso está colocado, muito claramente, nos rituais de passagem, tanto em religiões tradicionais, quanto nas organizações de tribos. No ritual a marca no corpo vem no lugar de um *gap*, uma falha na representação (adolescência, menopausa etc.). Temos, aí, uma relação fundamentalmente social. Isso se coloca também na marca como estigma de exclusão.

Fica-nos, então, por tratar a marca como furo e como resto, e ligada a expressões clínicas. Muitas vezes já se teve testemunho da tatuagem como possibilidade de transpor um luto. Nesse sentido, ela não se coloca como captura do olhar, mas como encobrimento. Num artigo publicado em *Essaim 8*,[5] Simone Wiener trabalha um caso no qual a tatuagem opera como uma possibilidade de esquecer. Tratava-se de uma jovem de origem armênia por parte de pai e cuja morte da avó paterna constituiu-se numa perda de difícil luto. Como primeiro movimento de apropriação da perda, ela tomou para si uma aliança da avó, que o avô havia fabricado. Mantinha a aliança como objeto "saturado da presença familiar". Com a morte desses avós ela perdeu qualquer convívio com essa língua enigmática da origem dessa parte da família, língua que ela nunca conseguiu entender. Um segundo movimento de incorporação de uma identificação a essa linhagem

---

[5] Wierner, S (2001). Le tatouage, de la griffe ordinaire à la marque subjective. In: *Essaim. Revue de Psychanalyse*, n. 8. Paris: Ed. Érès.

se dá na primeira tatuagem que faz no interior do cotovelo: duas alianças entrelaçadas. Wiener situa a importância desse ato na medida em que essa jovem vai adquirindo o hábito da tatuagem e depois, pouco a pouco, constituindo seu *affaire* nas artes plásticas, até ser nomeada artista. A primeira tatuagem constituiu a possibilidade de luto, que vem substituir o objeto aliança, na medida em que não pôde ocupar o lugar de uma lembrança. É nesse sentido que a tatuagem adquire a função de substituir, de realizar, de corporificar uma insígnia da história paterna. Funciona, dessa maneira, como a marca de um traço unário.

Se nesse exemplo temos a marca como inscrição, ou seja, como função de traço unário, em outros casos ela tem funções diferentes. Em muitas crises, produzir-se cortes no corpo surge para fazer borda numa angústia que extravasa. O corte, nesse sentido, é uma contenção. Funciona como borda real, na falta de uma marca simbólica. Este foi o caso tratado na abertura deste artigo.

Escrita e repetição: do que não cessa de não se escrever

Beatriz Guimarães

[...] pergunte a si mesmo na hora mais tranqüila de sua noite: "Sou mesmo forçado a escrever?". Escave dentro de si uma resposta profunda. Se for afirmativa, se puder contestar àquela pergunta severa com um forte e simples "sou", então construa sua vida de acordo com esta necessidade.

Rilke[1]

Desde sua fundação, a psicanálise faz suas incursões no campo da escrita, seja na composição dos textos de Freud e de seus seguidores, seja pela referência constante à literatura, não de maneira acessória, mas como possibilidade de construção de seu campo conceitual. A escrita, em sua relação com a psicanálise, trata da tessitura e da inscrição mesma do sujeito psíquico. Em seu texto fundador, *A interpretação dos sonhos*,[2] Freud demonstra que o sonho se apresenta sob a forma de uma escrita enigmática, como um *rébus*[3] a ser decifrado, podendo ser lido da mesma forma como

---

[1] Rilke, Rainer Maria (1986). *Cartas a um jovem poeta; a canção de amor e de morte do porta-estandarte Cristóvão Rilke.* 14ª. ed. Rio de Janeiro: Globo, p. 22.

[2] Freud, S. (1981). A interpretação dos sonhos (1900). In: *Obras Completas.* 4ª. ed., v. 1. Madrid: Biblioteca Nueva.

[3] O termo *rébus* representa "o ideograma no estágio em que deixa de significar diretamente o objeto que representa para indicar o fonograma correspondente ao nome desse objeto" (Ferreira, Aurélio B. de Holanda (1957). *Pequeno dicionário brasileiro da língua portuguesa.* 9ª. ed. São Paulo: Editora Civilização Brasileira). Em francês o dicionário traduz, em sentido figurado, por enigma; alusão mais ou menos obscura. Encontramos, ainda, a seguinte designação: "seqüência de desenhos, de palavras, de cifras, de letras

se lê um hieróglifo, sem tomar seus signos como valor de imagem pictórica, mas sim como uma escritura a ser traduzida. Com Lacan, percebemos que é justamente quando o sonho esbarra na falta de material taxêmico para representar as articulações lógicas da causalidade, da contradição, da hipótese etc., é que ele dá "provas de ser uma questão de *escrita*, e não de pantomima".[4]

No "Seminário sobre *A carta roubada*", em que Lacan conduz o leitor ao interior do conto de Edgar Allan Poe,[5] essa dimensão da escrita parece encontrar no conceito de letra, que ali ele começa a esboçar, importantes desdobramentos. Lacan discute a posição da carta – desta carta roubada – como um elemento da cadeia significante, mostrando seu movimento no conto e as condições de seu endereçamento. A partir da homofonia que na língua francesa a palavra *lettre* sugere, podendo ser lida tanto como "carta", quanto como "letra", ele marca uma associação entre letra/carta e posição subjetiva. Ou seja, cada um dos personagens encontra-se diante dessa carta nas circunstâncias variáveis de possuí-la ou não, e do enigma que ela porta – não do conteúdo de sua escrita, que não é relevante nesta trama policial, mas do enigma de sua condição, de carta em sofrimento.

Lacan desdobra ainda o título em inglês do conto, que para ele teria sido uma traição de Baudelaire a Poe, ao traduzir *The purloined letter* como *A carta roubada (La lettre volée)*. *To purloin*, de acordo com o dicionário de Oxford,[6] é uma palavra anglo-francesa

---

que evocam por homofonia a palavra ou a frase que se quer exprimir" Robert, P. (1990). *Le petit Robert.* Paris: Diccionnaires Les Roberts. A seguir, o texto original em francês: *1. Suite de dessins, de mots, de chiffres, de lettres évoquant par homophonie le mot ou la phrase qu'on veut exprimer (ex.: nez rond, nez pointu, main = Néron n'est point humain). 2. Fig. Énigme; allusion plus ou moins obscure.*

[4] Lacan, J. (1998). O seminário sobre *A carta roubada* (1966). In: *Escritos*. Rio de Janeiro: Jorge Zahar, p. 515.

[5] Poe, E. A. (s.d.). A carta roubada. In: *O mistério de Marie Roget*. Rio de Janeiro: Vecchi.

[6] *Apud* Lacan, J. O seminário sobre *A carta roubada, op.cit.*

composta pelo prefixo *pur*, proveniente do latim *pro*, e pela palavra do antigo francês *loing*, *loigner*, *longé*. O *pro*, que também aparece nas palavras propósito, provisão, etc., distingue-se de *ante*, pois supõe um ponto para adiante do qual procede. Já a segunda, antiga palavra francesa, *loigner* – verbo do atributo de lugar *au loing* (ou também *longé)* – quer dizer *ao largo de*, e também remete a *colocar de lado (mettre de côté)*, significando, no caso da tradução, uma carta desviada de seu destino, cujo trajeto foi prolongado. Trata-se de uma carta que fica retardada no correio, e que o vocabulário postal francês chama de *uma carta em sofrimento (lettre en souffrance)*: a carta (letra) que, por não chegar ao seu endereço/destinatário, permanece em sofrimento. O escrito, de maneira semelhante, contém esta condição de endereçamento.

Inicialmente, em *A instância da letra no inconsciente ou a razão desde Freud*,[7] a letra foi concebida como o suporte material do significante, referida, portanto, à instância simbólica. Porém, com o avançar das construções teóricas, em especial a partir das formulações sobre os três registros (real, simbólico e imaginário) em forma de letras, *RSI*, e do trabalho com a obra do escritor irlandês James Joyce, o registro do simbólico foi deixando de ter primazia e a letra tomou, assim, um lugar junto à noção de real.[8]

Agregando, a partir do trabalho com a obra joyceana, outras possibilidades associativas ao termo *lettre*, Lacan apresenta,

[7] Lacan, J. (1998). A instância da letra no inconsciente ou a razão desde Freud (1957). In: *Escritos*. Rio de Janeiro: Jorge Zahar.

[8] A palavra "real" foi introduzida como um substantivo por Lacan em 1953, tendo sido retirada do vocabulário da filosofia e simultaneamente do conceito freudiano de realidade psíquica, designando uma realidade fenomênica de impossível simbolização. O conceito de real é utilizado no contexto de uma tópica, sendo inseparável dos outros dois termos que a compõem: simbólico e imaginário. Constitui, com os outros dois, uma estrutura. O real assinala a realidade própria da psicose, pois é composto pelos significantes rejeitados, ou seja, forcluídos (a forclusão é a operação que caracteriza a estrutura psicótica) do simbólico. Roudinesco, E. & Plon, Michel (1998). *Dicionário de psicanálise*. Rio de Janeiro: Zahar.

além da homofonia com que os termos são trabalhados em inglês, também a polissemia: *a letter*, *a litter*[9], ou seja, uma carta, uma letra, um lixo, deixando transparecer a noção de resto que sobra da operação do sujeito em relação ao objeto *a*.[10]

No texto *Lituraterra*, ele traz esse movimento do real dentro da letra, ou da letra dentro do real, fazendo buraco no real. Discorre sobre o efeito de "aliteração nos lábios, a inversão no ouvido",[11] mostrando esse movimento do corpo presente no trabalho com a letra, com a escrita. Utiliza a palavra terra para demonstrar não só os sulcos deixados pela água, mas também os sulcos deixados pelo ravinamento[12] do significante, constituído pela água/letra que escorre, escavando marcas na terra, inconsciente que é terra e chuva ao mesmo tempo. Por isso a escrita é o que resta do sujeito como aquilo que o funda. Uma escrita, como uma letra/carta, dirigida ao Outro,[13] porque é do desejo como exterior que ela se constitui.

No Seminário 20, *Mais, ainda*, Lacan[14] desdobra os aspectos de leitura e de escrita no que se refere ao inconsciente. Ele afirma que a letra é lida da mesma maneira como lemos uma

---

[9] Lacan, J. (2007). O Seminário, Livro 23, *O Sinthoma* (1975-1976). Rio de Janeiro: Jorge Zahar.

[10] A expressão "objeto a" foi introduzida por Lacan em 1960. Representa a operação que introduz o sujeito no campo discursivo, a partir da instauração de uma perda, e serve para "designar o objeto desejado pelo sujeito e que se furta a ele a ponto de ser não representável, ou de se tornar um 'resto' não simbolizável" (Roudinesco, E. & Plon, M., *op. cit.*, p. 551); é também denominado "objeto causa de desejo".

[11] Lacan, J. (2003). Lituraterra. In: *Outros Escritos*. Rio de janeiro: Jorge Zahar, p. 15.

[12] Ravina, s. f. Torrente de água que cai de lugar elevado; sulco formado pela torrente; barranco. Adaptação do francês *ravine* (Ferreira, Aurélio B.H., *op. cit.*).

[13] Termo proposto por Lacan para assinalar um lugar simbólico (significante, lei, linguagem, inconsciente, ou, ainda, Deus) que determina o sujeito. Lacan situa a questão da alteridade, marcando uma posição em relação ao inconsciente freudiano como "uma outra cena", como "lugar terceiro que escapa à consciência". Este lugar Outro é distinto do campo da pura dualidade (outro) psicológica, conforme Roudinesco & Plon (*op. cit.*).

[14] Lacan, J. (1985). O Seminário, Livro 20, *Mais, ainda* (1972-1973). Rio de Janeiro: Jorge Zahar.

carta. A letra parece feita no prolongamento da palavra, e é no discurso analítico que ela entra em questão. Neste discurso trata-se disto: do que se lê naquilo que é dito, não interessando o dizer tudo, mas sim o dizer qualquer coisa. Para precisar a função do escrito no discurso analítico, Lacan retoma os conceitos, estabelecidos por Saussure, de significante e significado, e demonstra a importância de sua separação por uma barra, representando a não existência de relação imediata entre eles. Aquilo que se ouve de significado é significante é algo, portanto, que tem a ver com a leitura e não com os ouvidos; e é o que pode nos introduzir na dimensão da escrita, pois "o significado é efeito do significante".[15] Este efeito é possibilitado justamente pela barra, esta barra produtora de um escrito. Impõe-se neste sentido o axioma lacaniano sobre a impossibilidade de se escrever a relação sexual, sendo precisamente desta impossibilidade que uma escrita se faz, produzindo um efeito discursivo e a suposição de um sujeito.

Por parte do leitor, a leitura já não é mais apenas caracterizada pelo aspecto de fruição, de puro deleite; para o leitor contemporâneo ela envolve interpretação, ou seja, dedução de um sujeito da enunciação. Evoca a perda que o escritor sofreu para que a escrita pudesse surgir, não existindo continuidade linear entre o sujeito que produz e a obra produzida.[16]

Paradoxalmente, para Buffon, "o estilo é o próprio homem".[17] Havia aí uma concepção de homem inteiro, centrado, senhor de si. Agora, porém, ele está despedaçado, e também a sua escrita. É a precariedade da vida, do livro, a morte de Deus, a conseqüente queda para dentro da morte e, numa alusão a

[15] Lacan, J., *op. cit.*, p. 47.

[16] Cf. Sousa, Edson L. A. de (1997). Exílio e estilo. In: *Correio da Associação Psicanalítica de Porto Alegre*. Porto Alegre: Artes e Ofícios, (50): 33-39, set.

[17] *Apud* Lacan, J. (1998). *Escritos*. Rio de Janeiro: Jorge Zahar, p. 9.

Derrida, o princípio da disseminação.[18] Somos convocados a produzir textos: disseminação do texto, do logos. Escrever é uma contínua inquietação. Não é possível escrever "a grande obra", somente ensaios que não têm nenhum caráter de verdade perene e que se tornam lixo logo a seguir. Diz-se que hoje se produz "lixeratura".[19] O texto é produto de centenas de outros textos lidos. No entanto, se é possível ser autor de um escrito, é na medida em que, no trabalho de produzi-lo, algo da relação com o objeto se fez no sujeito, ao mesmo tempo em que se desfez.

É esta dimensão de resto, desprendida do corpo como um dejeto, que interessa abordar aqui, visto que se enlaça com o caráter de não perenidade do sujeito do inconsciente e do homem contemporâneo. Segundo Sousa,[20] citando Mallarmé, diante do papel o artista se faz, mas com Eliot é possível dizer que ele se desfaz; aspecto que destaca o caráter de perda que se constitui no ato de escrever, assim como na fala. Algo é perdido, algo se deixa cair, um objeto *a*, objeto causa de desejo.

Na escrita o corpo também está incluído. Trata-se do corpo pulsional, não o biológico, constituído pelo investimento libidinal do Outro materno. No livro *Corpo e escrita: relações entre memória e transmissão da experiência*, Costa afirma que a experiência inclui o corpo na relação com o semelhante e com o real. Enquanto atividade da pulsão, a experiência é tomada

---

[18] Cf Schüler, D. (2004), A imagem narcísica na cidade contemporânea, conferência proferida durante as *Jornadas Comemorativas 20 anos de Maiêutica*, em Florianópolis/SC, em novembro de 2004.

[19] Tradução do neologismo joyceano "literatture", que representa uma condensação das expressões da língua inglesa: *literature* (literatura) e *ture* (lixo), de acordo com Donaldo Schüler (informação verbal), em curso sobre o livro *Finnegans Wake*, de James Joyce, realizado na Maiêutica Florianópolis – Instituição Psicanalítica, em outubro de 2004. Sugere, ainda, a meu ver, a idéia de não perenidade presente na arte e a dimensão de resto, de dejeto, de algo que se desprende no ato mesmo da produção literária.

[20] Sousa, Edson L. A. de (1999). O inconsciente e as condições de uma autoria. In: *Psicologia USP*. São Paulo, v. 10, (1): 225-38.

como um saber que não se sabe, mas que busca um sujeito, um Outro, que a interprete. Para a autora, a escrita contém detritos, restos não assimiláveis que são transportados na tentativa de dar conta de algo não registrado pelo autor. "Esses detritos são corporais e produzem (...) o corpo pulsional (...) como suporte relacional, podendo transmitir a inscrição de nossos traços simbólicos (...) que vêm no lugar de nossos objetos/detritos. Esses traços (...) colocam em causa a relação à letra".[21]

Essa relação entre letra e corpo, entre a escrita e a mão que escreve, está belamente referida por Barthes na seguinte passagem:

> Muitas vezes me perguntei por que gosto de escrever (à mão, é claro), a tal ponto que em muitas ocasiões o esforço tantas vezes ingrato do trabalho intelectual é resgatado, a meu ver, pelo prazer de ter diante de mim (assim como a mesa do artesão) uma bela folha de papel e uma boa caneta: ao mesmo tempo em que reflito no que devo escrever (é o que acontece nesse exato momento), sinto minha mão agir, virar, ligar, mergulhar, levantar-se freqüentemente, no ato das correções, rasurar ou estilhaçar a linha, aumentar o espaço até a margem, construindo assim, a partir de traços miúdos e aparentemente funcionais (as letras), um espaço que é simplesmente o espaço da arte: sou artista, não no sentido de figurar um objeto, porém mais fundamentalmente porque na escrita meu corpo goza ao traçar, incisar ritmicamente uma superfície virgem (sendo o virgem o infinitamente possível).[22]

Há uma espécie de amarração entre corpo pulsional e escritura, "como se da escritura, ato erótico forte, não restasse que

[21] Costa. Ana M. M. da (2001). *Corpo e escrita: relações entre memória e transmissão da experiência.* Rio de Janeiro: Relume Dumará, p. 134.

[22] Barthes, R. (2004). Escrever. In: *Inéditos, Volume 1 – Teoria.* São Paulo: Martins Fontes, p. 292.

a fadiga amorosa".[23] Esse resto, essa fadiga, descrita por Barthes como efeito do ato erótico, pulsional, que é a escritura, traz em si uma insistência, uma necessidade do *ato* de escrever, pois, após a fadiga, é o desejo que retorna mais uma vez.

A escrita porta uma insistência, um movimento de retorno, uma pulsação. Tal insistência remete à possibilidade de articulação entre o *ato de escrever* e o conceito psicanalítico de repetição, *Wiederholung* em alemão, substantivo que deriva do verbo *Wiederholen*, que comporta duas acepções: "ir buscar novamente" e "repetir". *Widerholung*, por sua vez, traduz-se por repetição, recapitulação, revisão.[24] Assinalo a expressão *ato de escrever* para destacar, com isso, o operador central da repetição: conforme Freud,[25] em *Recordar, repetir e elaborar*, aquilo que não é possível de se fazer representar retorna em ato. Em outras palavras, o que não é recordado se repete, é vivido novamente, mas não como recordação, e sim como ato.

No contexto do tratamento psicanalítico, Freud[26] introduz a noção de compulsão de repetição (*Wiederholungszwang*), que agrega ainda, além dos termos referidos, o substantivo *Zwang*: em português, ainda conforme o dicionário:[27] "obrigação; pressão; coação; violência; ser obrigatório, ser de rigor." Por sua vez. o verbo *zwängen* significa apertar; *durchzwängen*: fazer força para passar por...; *in* (...) *zwängen*: fazer força para (...) entrar em. A compulsão, como mostra Freud,[28] é algo que

---

[23] Barthes, R. (s.d.). *O grau zero da escritura* (1953). São Paulo: Cultrix.

[24] Lachaud, D. (1986). A repetição. In: *Che vuoi?* Porto Alegre: Cooperativa Cultural Jacques Lacan, (1): 101-117.

[25] Freud, S. (1981). Recordação, repetição e elaboração (1914). In: *Obras Completas*. 4. ed., v. 3. Madrid: Biblioteca Nueva.

[26] Freud, S., *op. cit.*

[27] Irmen, F. (1983). *Langenscheidts Taschenwörterbuch*. Tomo Primeiro: Português-Alemão. Berlim: Langenscheidts.

[28] Freud, S. Recordação, repetição e elaboração, *op. cit.*

pressiona, empurra, força a passagem,[29] algo que comprime com a força e a violência própria da necessidade. Isso que insiste é, para Lacan, da ordem do real.

Em *Além do princípio do prazer*,[30] Freud constata a presença de situações desprazerosas que retornam, insistentemente, nos sonhos e nas neuroses traumáticas, contrariando a lógica do princípio do prazer, na qual a satisfação seria obtida pela redução de toda tensão. Diante disto, ele dá à compulsão de repetição o caráter de uma "força demoníaca" e postula, então, o conceito de pulsão de morte.

A repetição é esse trabalho de "eterno retorno" da pulsão de morte que reapresenta, em forma de pressão, algo do real, inassimilável. É este o *umbigo do sonho*,[31] o centro incógnito, lugar que se assenta no desconhecido. É o movimento que põe o sujeito em busca do objeto que constitui seu desejo como desejo sempre de outra coisa, porque impossível de se satisfazer e de aplacar.

A repetição, conforme nos apresenta Lacan,[32] é constitutiva do conceito de inconsciente, pois este se funda na hiância[33] entre a percepção e a consciência. E o que ali resta retorna insistentemente. O retorno dá-se sempre no modo da sua constituição, ou seja, como claudicação, como tropeço, que diz desta forma de

---

[29] Lachaud, D., *op. cit.*

[30] Freud, S. (1981). Além do princípio do prazer (1920). In: *Obras Completas*. 4. ed., v. 3. Madrid: Biblioteca Nueva.

[31] Freud, S., *A interpretação dos sonhos, op. cit.*, p. 666.

[32] Lacan, J. (1988). O Seminário, Livro 11, *Os quatro conceitos fundamentais da psicanálise*. (1964). Rio de Janeiro: Zahar.

[33] Este termo é utilizado por Lacan (O Seminário, Livro 11, *Os quatro conceitos fundamentais da psicanálise, op. cit.*) ao tratar dos fundamentos do conceito de inconsciente, a partir da função da causa, discutida por Kant, em *Ensaios sobre as grandezas negativas*. O termo "hiância" provém do texto *Prolegômenos*, do mesmo autor. Em português, encontramos o substantivo "hiante" que significa: que tem a boca aberta; que tem grande fenda ou abertura; faminto (Ferreira, Aurélio B. de H., *op. cit.*).

hiância própria da constituição do inconsciente. Esse retorno funda a orientação do sujeito na busca do objeto, na medida em que revela o movimento da pulsão.

A idéia de repetição é concomitante ao surgimento do sujeito do inconsciente. Para precisar isto, Lacan retoma o jogo do *Fort/Da*, apresentado por Freud em *Além do princípio do prazer*, mostrando ser ali que a criança nasce para a linguagem, quando ela realiza ao mesmo tempo o controle do seu abandono e o nascimento do símbolo. "Assim o símbolo se manifesta em primeiro lugar como assassinato da coisa, e esta morte constitui no sujeito a eternização de seu desejo".[34] No jogo do carretel, "o sujeito não controla somente sua privação (...), mas eleva seu desejo a uma segunda potência".[35] Nessa privação, marcada pelo afastamento da mãe, o sujeito eleva seu desejo à potência do Outro.

A repetição realizada pela criança no jogo refere-se à saída da mãe e se torna causa de uma divisão, de uma fenda *(Spaltung)* no sujeito e produz um resto. Esse jogo põe em cena a *Ichspaltung*, a clivagem do eu, numa repetição em que algo se perde, em que um pequeno objeto se desprende do corpo do sujeito e do corpo materno, objeto denominado por Lacan como *objeto pequeno a*, objeto causa do desejo. É nessa perda, nessa fenda, que se funda o sujeito, *sujeito do inconsciente.* ($)

Se *isso* insiste em se repetir é porque traz em si a referência à perda, à ausência, a algo perdido dessa inscrição. O que se repete é o corte. Lacan refere-se aí ao surgimento do traço como sendo o que há de mais destruído e apagado do objeto. O sujeito funda-se identificado com o traço de exclusão, traço único *(Einziger Zug)*. A repetição, então, fará ressurgir esse unário primitivo. Pode-se

---

[34] Lacan, J. (1984). Función y campo de la palabra y del lenguaje en psicoanálisis (1953). *Escritos 1*. México: Siglo veintiuno, p. 307.

[35] Lacan, J.,. *op. cit.*, p. 306.

concluir que a insistência presente no ato de escrever, na medida em que para quem escreve se trata de uma *necessidade*, restitui o caráter de perda e constitui para o sujeito as tentativas de inscrever alguma coisa do que foi perdido. Nesse movimento, aquilo que insiste deixa sua marca como um estilo. Ao retomar a frase de Buffon de que "o estilo é o próprio homem", Lacan a critica e modifica, dizendo que é o objeto que responde à pergunta sobre o estilo, pois, "a esse lugar que, para Buffon, era marcado pelo homem, chamamos de queda desse objeto, reveladora por isolá-lo, ao mesmo tempo, como causa do desejo em que o sujeito se eclipsa e como suporte do sujeito entre verdade e saber".[36]

O lugar do escrito implica, portanto, esse eclipse do sujeito e revela em certa medida um distanciamento, uma desfamiliarização, uma condição de exílio daquele que enfrenta o desafio de escrever.[37] A escrita comporta, ainda, um descentramento subjetivo, que traz em sua operação uma perda, a queda do objeto causa do desejo. Por isso mesmo a escrita encontra por vezes tantos obstáculos, já que tecida pela queda desse objeto. É este de fato o desafio de quem se lança na aventura de escrever. Escrever é suportar uma perda. Ou então escrevemos para suportá-la.[38]

A impossibilidade mesma de se escrever o mais desconhecido para o sujeito – o enigma de seu desejo – é o que possibilita uma escrita, como movimento incessante a fazer com que sempre exista um novo escrito a ser produzido. Como o *Livro de Areia*, de Borges,[39] cuja representação é de um livro sem fim nem

---

[36] Lacan, J., *op. cit.*, p. 11.

[37] Sousa, Edson L. A. de. Exílio e estilo, *op. cit.*

[38] "Escrevo para responder à estranheza de estar vivo", conforme o escritor português Gonçalo Tavares (*apud* Scliar, M. (2006). Loucura com método. *Veja*. São Paulo: Abril, ano 39, n.33, 23 agosto, p. 122).

[39] Borges, J. L. (1999). *O livro de areia*. 8ª. ed. São Paulo: Globo.

começo, algo que nunca acaba nem se pode precisar uma origem. Questões cruciais para o sujeito, em cuja implicação se joga uma vida inteira, sem jamais concluir. A escrita é assim esta possibilidade impossível ou "o infinitamente possível", como escreve Barthes ao se referir ao "virgem" da superfície de uma folha em branco.[40] Escrever é ir constituindo lacunas, escavando buracos, abrindo possibilidades para a produção de novos atos de escrita em que o desejo se vê relançado.

[40] Barthes, R., *op. cit.*

A invenção do real: sobre escrita e psicanálise

Doris Rinaldi

Ao final do seminário que dedicou a James Joyce em 1976, diz Lacan:

> *Eu inventei isso que se escreve como real* (....) a instância do saber que Freud renova, sob a forma de inconsciente é uma coisa que não supõe, de modo algum, obrigatoriamente, o real de que me sirvo. Tenho veiculado muitas coisas freudianas, eu mesmo intitulei uma coisa que escrevi A Coisa Freudiana, *mas nisto que chamo o real, eu inventei*, porque isso se impôs a mim.[1]

Parto deste dito de Lacan nas reflexões que farei, não apenas porque nele se pode reconhecer um momento importante de afirmação da originalidade de sua produção, em que demarca uma *diferença em relação a Freud*, mas fundamentalmente porque o *real* é apresentado como uma *invenção*. O que isso significa? Ainda que possamos considerar que toda teoria tem um caráter

[1] Livre tradução. No original: "*J'ai inventé ce que s'écrit comme le réel... l'instance de savoir que Freud renouvelle, je veux dire rénouve sous la forme de l'inconscient, ne suppose pas du tout obligatoirement le réel dont je me sers. J'ai véhiculé beaucoup des ces choses que l'on appelle freudiennes. J'ai même intitulé une chose que j'ai écrite* ***La Chose freudienne****. Mais dans ce que j'appelle le réel, j'ai invente, parce que cela s'est imposé à moi*". Lacan, J. (2005). Le Séminaire, Livre 23, *Le sinthome* (1975-76). Paris: Éditions du Seuil, p. 129; 132, grifos meus.

ficcional, sendo, portanto, uma invenção, isso não é suficiente para explicar o destaque que Lacan dará neste seminário à *invenção do real*. Se o acompanharmos, de forma breve, desde o momento em que introduz a noção de real, junto à de simbólico e de imaginário, na célebre tríade dos registros – *real*, *simbólico* e *imaginário* –, poderemos ver os caminhos que percorre na tentativa de circunscrever algo que, como diz, "se impôs a ele", mas cujo traço fundamental é o de escapar sempre a toda tentativa de definição.

Na década de 1950, Lacan profere uma conferência intitulada "O simbólico, o imaginário e o real"[2] em que apresenta pela primeira vez a tríade que marcará todo o seu ensino nas décadas seguintes, através da qual pretende abordar o que há de essencial na realidade humana. Nessa conferência, ele se detém nos registros do *simbólico*, campo da fala e da linguagem, onde se desenvolve a experiência analítica, e do *imaginário*, esfera do narcisismo e da agressividade. Quanto ao *real*, é extremamente breve, o que provoca indagações de seus ouvintes ao final da conferência. Diz apenas:

> Em primeiro lugar, uma coisa não poderia nos escapar, a saber, que há na análise toda uma parte de real em nossos sujeitos que nos escapa. Nem por isso ela escapava a Freud quando ele tinha que lidar com cada um de seus pacientes; porém, naturalmente, estava igualmente fora de sua apreensão e alcance.[3]

Esta frase evidencia o paradoxo que constitui o terreno onde surge o registro do *real*, anunciando as dificuldades e os caminhos que serão percorridos por Lacan na tentativa de cingi-lo.

---

[2] Lacan, J. (2005). O simbólico, o imaginário e o real (1953). In: *Nomes-do-Pai*. Rio de Janeiro: Jorge Zahar.

[3] Lacan, J., *op. cit.*, p. 13.

Como apreender o que se caracteriza justamente por ser inapreensível? À pergunta de Serge Leclaire – "O senhor falou do simbólico, do imaginário. Mas havia o real, sobre o qual não falou" – responde: "O real é ou a totalidade ou o instante esvanecido. Na experiência analítica, para o sujeito, é sempre o choque com alguma coisa, por exemplo, o silêncio do analista".[4] São as primeiras indicações do real lançadas por Lacan e sabiamente recolhidos por Françoise Dolto:

> Chegamos sempre a: o que é o real? E escapamos dele o tempo todo. E há também outra maneira de apreender a realidade psicanalítica sem ser esta, que, para minha psicologia, parece muito extrema. Mas você é um mestre tão extraordinário que podemos acompanhá-lo mesmo só o compreendendo depois.[5]

Se para o senso comum a noção de *real*, tal como Lacan começa a delinear, causa certa perplexidade, porque estamos acostumados a utilizar esse termo como sinônimo de realidade – a realidade das coisas e dos fatos, a realidade do mundo, a realidade da vida –, na esfera da experiência psicanalítica, Lacan, como Freud, é tocado por este algo de indefinível, incognoscível e enigmático que marca a experiência do inconsciente, referido por Freud em *A interpretação dos sonhos* como o umbigo do sonho, ponto limite da interpretação. A introdução desta noção, com seus paradoxos, se mostrará extremamente frutífera neste campo, na medida em que contribuirá para dirimir uma certa confusão presente no texto freudiano entre a realidade psíquica, afirmada como a única realidade que importa para a psicanálise, remetida à fantasia, e à *outra cena* e a realidade externa e/ou realidade

---

[4] Lacan, J., *op. cit*, p. 45.

[5] Lacan, J. *op. cit*, p. 51.

material, cuja referência é mantida por Freud. Se a realidade é sempre uma construção simbólica, o *real* é outra coisa. Para Lacan, *o real* é aquilo que justamente escapa à simbolização. Como seres falantes, vivemos em um universo simbólico e apreendemos o mundo pela via da linguagem. Cada apreensão é singular, ainda que possamos partilhar sentidos e conversar entre nós. Contudo, o que há de mais singular em cada maneira de apreender o mundo depende não apenas do fato de que à linguagem sempre escapa alguma coisa, como poderia propor a ciência, mas tem um sentido mais radical, relacionado ao que Lacan chamará de *real do sexo* e à posição do sujeito, como falante, frente a isso. Ou seja, aquilo que é impossível de dizer e que se apresenta sempre como um furo, um buraco no saber, algo traumático que diz respeito fundamentalmente à sexualidade e que está no cerne do inconsciente humano, na origem do desejo. Se a realidade psíquica é constituída pela fantasia, como formulou Freud, esta, ao mesmo tempo em que nos protege do real enigmático, sustentando o desejo, apresenta-se como uma "janela para o real".[6]

No início de seu ensino, na trilogia com o simbólico e o imaginário, o real aparece como o "primo pobre", não apenas porque Lacan privilegiou neste momento a diferenciação dos registros do simbólico e do imaginário, mas talvez porque ainda não dispusesse de elementos para melhor situar o real. Partindo da primazia do simbólico, decorrente do fato de sermos seres falantes e estarmos desde sempre inseridos na ordem simbólica, faz uma crítica radical à psicanálise pós-freudiana, mergulhada que estava no imaginário das análises centradas no ego e na contratransferência. O termo *real*, em seus seminários iniciais, algumas vezes se confunde com a noção de realidade, mas já

[6] Ver Lacan, J. (2003). Proposição de 9 de outubro de 1967 sobre o psicanalista da Escola. In: *Outros Escritos*. Rio de Janeiro: Jorge Zahar, p. 259.

podemos verificar neles a presença de elementos importantes para a caracterização desse registro.

No Seminário 1, *Os escritos técnicos de Freud,*[7] ao comentar o texto de Freud sobre a denegação,[8] baseando-se na leitura de Jean Hyppolite, Lacan vincula o real ao termo freudiano *Verwerfung*, traduzido como rejeição. Articulando este comentário à análise da alucinação do dedo cortado no caso do *Homem dos Lobos,*[9] enfatiza que algo não foi inscrito no registro simbólico e por isso reaparece sob a forma de uma catástrofe nesta alucinação. Disso deriva a sua afirmação de que "o real é o que resiste absolutamente à simbolização".[10] Nesta mesma direção, na leitura que faz do caso Schreber[11] em seu Seminário de 1955-56, ao afirmar que "o que é rejeitado do simbólico reaparece no real",[12] caracteriza o real como lugar da psicose, ou seja, aquilo que não pode ser incorporado ao inconsciente do sujeito.

No Seminário 7, *A ética da psicanálise,*[13] o registro do real ganha destaque ao surgir no centro da definição de ética, tal como pode ser formulada a partir da descoberta freudiana

---

[7] Lacan, J. (1986). O Seminário, Livro 1, *Os escritos técnicos de Freud* (1953-1954). Rio de Janeiro: Jorge Zahar.

[8] Freud, S. (1976). A negativa (*Die Verneinung*) (1925). In: *Obras Psicológicas Completas.* Rio de Janeiro: Edição Standard Brasileira.

[9] Freud, S. (1976). História de uma neurose infantil (1918). In: *Obras Psicológicas Completas.* Rio de Janeiro: Edição Standard Brasileira.

[10] Lacan, J. (1986). O Seminário, Livro 1, *Os escritos técnicos de Freud, op. cit.*, p. 82. Para alguns comentários sobre isso ver: Conté, C. (1995). *O real e o sexual.* Rio de Janeiro: Jorge Zahar, e também Laberge, J.(1998). *Do real, paradoxos e contradições.* Rio de Janeiro: Jorge Zahar. http://www.intersecaopsicanalitica.com.br

[11] Freud, S. (1976). Notas psicanalíticas sobre um relato autobiográfico de um caso de paranóia (1911). In: *Obras Psicológicas Completas.* Rio de Janeiro: Edição Standard Brasileira.

[12] Lacan, J. (1985). O Seminário, Livro 3, *As psicoses* (1955-1956). Rio de Janeiro: Jorge Zahar, p. 103.

[13] Lacan, J. (1988). O Seminário, Livro 7, *A ética da psicanálise* (1959-1960). Rio de Janeiro: Jorge Zahar.

do inconsciente. Ao distingui-la dos sistemas ético-morais fundados na busca do Bem, Lacan afirma que no horizonte da ética da psicanálise está o *real*, e é isso que nos orienta quanto ao desejo, já que não há objeto que possa satisfazê-lo plenamente. Inexiste, portanto, qualquer bem a alcançar. A partir da noção de *coisa* (*das Ding*), retirada do texto freudiano de 1895, *Projeto para uma psicologia científica*,[14] nas considerações que Freud faz sobre as relações do *infans* com o outro (próximo) por meio das quais se dá a primeira apreensão da realidade para o sujeito, há algo que resiste ao reconhecimento como uma *coisa*, enigmática e hostil, mas que causa o desejo do sujeito. *Das Ding* é para Lacan este vazio em torno do qual gira o desejo inconsciente e ele o define como *núcleo do real*, "ponto de fuga de toda realidade possível a atingir".[15] A relação com o simbólico é determinante, pois embora alheio à re-presentação, fora do universo da linguagem, *das Ding*, como núcleo do real é para ele, neste momento, "o que, do real primordial, padece do significante".[16]

Em outros seminários, Lacan aborda o real pela via da angústia, como no seminário sobre esse tema,[17] ou pela via da repetição, onde o real aparece sob a forma do desencontro, tal como no seminário sobre *Os quatro conceitos fundamentais da psicanálise.*[18] Neste último, ao referir-se à satisfação da pulsão, introduz a categoria do impossível para definir o real,[19] definição que sustentará nos seminários posteriores.

---

[14] Freud, S. (1976). Projeto para uma psicologia científica (1895). In: *Obras Psicológicas Completas*. Rio de Janeiro: Edição Standard Brasileira.

[15] Lacan, J., O Seminário, Livro 7, *A ética da psicanálise, op. cit.*, p. 31.

[16] Lacan, J., *op. cit.*, p. 149.

[17] Lacan, J. (2005). O Seminário, Livro 10, *A angústia* (1962-1963). Rio de Janeiro: Jorge Zahar.

[18] Lacan, J. (1979). O Seminário, Livro 11, *Os quatro conceitos fundamentais da psicanálise* (1964). Rio de Janeiro: Jorge Zahar.

[19] Lacan, J., *op. cit.*, p. 159.

É na década de 1970 que o registro do real ganha maior destaque em seu ensino, não sendo mais concebido como suposto ao imaginário e ao simbólico, como limite para eles, mas como um registro equivalente aos outros dois. O simbólico perde a sua primazia e o real é situado como aquilo que só se atinge pela escrita. A categoria do impossível que o caracteriza passa a dizer respeito à *não existência da relação sexual*. No Seminário 20, *Mais, ainda*, define a relação sexual como impossível, isto é, aquilo que "não cessa de não se escrever". O real como impossível, portanto, "não pára de não se escrever",[20] o que permite circunscrever melhor aquilo que já adiantara em sua conferência de 1953, citada no início deste artigo, quando apresenta o real pelo paradoxo de algo que nos escapa, mas que está sempre presente na experiência da análise.

"O real só se poderia inscrever por um impasse de formalização" diz Lacan.[21] A formalização matemática é tomada como um modo de aproximação do *real*, na medida em que vai em direção contrária ao *sentido*, isto é, *não quer dizer nada*. Mais tarde, Lacan afirma: "historicamente, foi por pequenos pedaços de escrita que se penetrou no real, a saber, que se cessou de imaginar. A escrita de letrinhas, letrinhas matemáticas, é isso que sustenta o real".[22] Se a fala traz a dimensão da verdade, quando se escreve pode-se tocar no real, mas não no verdadeiro, diz Lacan, ao fazer uma diferença entre o verdadeiro e o real, que já havia sido anunciada em seminários anteriores. Desde Freud a questão da verdade se coloca na análise como verdade singular de cada sujeito, vinculada ao desejo e à fantasia. Essa verdade, que emerge na fala do analisante, contudo, jamais pode ser toda dita, como

[20] Lacan, J. (1982). O Seminário, Livro 20, *Mais, ainda* (1972-1973). Rio de Janeiro: Jorge Zahar, p. 127.

[21] Lacan, J., *op. cit.*, p. 125.

[22] Lacan, J., Le Séminaire, Livre 23, *Le sinthome*, *op. cit.*, lição de 13/01/1976.

vai chamar atenção Lacan. Há algo nessa verdade que é impossível de atingir e, nesse sentido, é real. O que se pode dizer da verdade está no campo do sentido e por isso a verdade não é o real, porque o real está fora do sentido, não há nenhum sentido no real. O real pode ter uma orientação, mas não um sentido, e isso é a maneira mais radical com que Lacan apresenta o real nessa última fase de seu ensino. O real foraclui o sentido, isto é, recusa o sentido.

A psicanálise parte da suposição de que o inconsciente é um saber falado; o inconsciente é um efeito da linguagem que no real faz furo. O registro do real não nos ajudaria em nada a pensar a questão do sujeito e do inconsciente, sem os outros registros; ele não é independente dos outros registros. O real por si só, um real primordial, hipotético, ainda que algumas vezes referido por Lacan, seria neutro e pleno. É justamente nesse enlace entre o real e o simbólico que a fala faz furo. Ela cava um furo no real e é nesse lugar que podemos apreender a função da escrita, uma vez que ela faz borda nesse furo. A escrita concebida como o quê da linguagem deixa traço. O inconsciente é efeito disso, dessa linguagem que no real faz furo. O ponto de partida da psicanálise é que a linguagem é habitada por aquele que fala, onde os significantes que se modulam na voz, engancham-se nos ditos e nos dizeres. Em análise, o analista convida o analisante a lhe dizer o que vem à cabeça, pois é aí que pode emergir um sujeito como efeito de um discurso, através de um dizer verdadeiro, mas que tem um caráter contingente e é sempre um meio-dizer. A interpretação supõe que o inconsciente é um saber e esse saber tem valor de verdade. Mas a verdade se funda na suposição do falso. Há sempre a verdade e a não verdade, ela está nessa dualidade. Dessa divisão entre o verdadeiro e o falso, resta alguma coisa que é impossível de dizer e que se apresenta sempre de forma enigmática. Freud indica isso, quando na análise do sonho da injeção de Irma, diante do indecidível – quem tem razão? – ele se desloca e vê emergir o enigma do sonho – o seu "umbigo" – que se apresenta numa escrita, uma fórmula composta de letras que aparece ao final do sonho. Vemos aí a emergência do inconsciente, como o inconsciente da letra, esse inconsciente que Lacan vai aproximar do real.

Se o real só se franqueia pelo escrito, como nos diz Lacan, este acesso é sempre parcial, nunca se chega lá; há caminhos, há labirintos, mas a impossibilidade de se escrever a relação sexual permanece. É isso que fica como enigma no centro do discurso analítico. Em análise, o dizer verdadeiro é marca por onde escorrem os significantes que contornam justamente essa impossibilidade de se escrever a relação sexual como tal. O escrito e, mais radicalmente, a letra são também efeitos do discurso, mas eles estão em outra dimensão que o dizer. O dizer está ligado à palavra e a palavra tem um sentido, vinculada ao campo imaginário. A letra não tem sentido algum, como fica evidente nas fórmulas matemáticas. Elas vão ganhar sentido quando inseridas em um discurso.

É através dos exercícios sobre o nó borromeano, tomado como uma escrita, isto é, como *traço* da linguagem,[23] que Lacan vai formular de uma maneira mais elaborada o registro do real. O nó borromeano é mencionado pela primeira vez no Seminário 19, *Ou pior,*[24] mas é nos anos seguintes, principalmente nos seminários *Os não-tolos erram,*[25] *RSI* [26] e *O Sinthoma,*[27] que ele desenvolve a teoria dos nós, como modo de *escrita topológica*

[23] Lacan, J., *op. cit.*, p. 167.

[24] Lacan, J., Seminário 24, *Ou Pior* (1971-1972). Inédito.

[25] Lacan, J., Seminário 21, *Os não-tolos erram* (1973-1974). Inédito.

[26] Lacan, J., Seminário 22, *RSI* (1974-1975). Inédito.

[27] Lacan, J., Le Séminaire, Livre 23, *Le sinthome, op. cit.*

por meio da qual pretende *apresentar* o inconsciente. Em 1974, afirma que para demonstrar o impossível é preciso buscar o fundamento em outro lugar, isto é, no nó.[28]

O real é apresentado como constitutivo do nó a partir da noção de triplicidade, que já está marcada na língua, onde o *três* insiste. Nós, como sujeitos, somos pacientes desta triplicidade, e a topologia, matematicamente definida, permite não suportar um sujeito, porque ele é sempre suposto, mas abordá-lo sem imagem a partir de letras que estão no real. Os três elos do nó são equivalentes, mas cada qual tem a sua especificidade: o imaginário é consistência, o simbólico caracteriza-se pelo furo e o real se suporta da ex-sistência. O nó borromeano idealmente concebido seria o mito do sujeito enquanto real. Mas, como diz Lacan, esse mito se dissolve na resolução do nó, na medida em que falha, que há lapso no nó, o que o conduz a supor um quarto elo que funcionaria como ponto de amarração.

No seminário *O Sinthoma*, Lacan apresenta inúmeras maneiras de escrever o nó borromeano, dissolvendo-o na cadeia borromeana. Sua inspiração é James Joyce, pela forma surpreendente com que o escritor irlandês lida com a linguagem, dissolvendo-a. Sua paixão por Joyce pode ser comparada à paixão que tivera por Aimée, sua paciente mais famosa, a partir da qual escreveu sua tese de doutorado, quando ainda era um psiquiatra. Aimée era uma psicótica a quem Lacan supunha um saber. Ele afirma literalmente que "ela sabia... ela inventava", o que não significa que não dissesse disparates. No hiato entre saber e verdade, introduz a invenção:"...o saber, isso se inventa. E eu não descubro a verdade, eu a invento, e isso é o saber".[29] O mundo é uma invenção, e isso lhe foi sugerido por Aimée e,

[28] Lacan, J., Seminário 21, *Os não-tolos erram, op. cit.*, lição de 15/01/1974.

[29] Lacan, J., *op. cit*, lição de 17/02/1974.

posteriormente, reforçado pelos escritos de Joyce já ao final do seu ensino. Ainda que de modos diferentes, porque Joyce era um artista, um homem de *savoir-faire*, todos nós inventamos alguma coisa para tapar o buraco do real. Diz Lacan: "onde não há relação sexual, isso faz *troumatisme.*[30] Inventa-se o que se pode, inventa-se o masoquismo... o real isso se inventa, mas é por esse buraco que podemos avançar nisso que inventamos do real".[31]

Frase enigmática e paradoxal que deixo em suspenso para antes levantar uma questão sobre a importância de Joyce para Lacan. Um pequeno pedaço de frase mencionado no seminário O *Sinthoma*, em que diz: "Joyce é o signo do meu embaraço",[32] pareceu-me exemplar para revelar o ponto em que Joyce, para Lacan, faz sintoma. Se tomarmos o sentido do sintoma como sendo o real, isto é, aquilo que se coloca em cruz para impedir que as coisas andem bem, tal como é definido em "A terceira",[33] a arte de Joyce, com sua escrita enigmática, fascina Lacan ao levá-lo a um ponto de embaraço, real, onde ele se defronta com os limites da análise. É a partir desse limite que ele dá um passo a mais na teoria, apresentando uma nova concepção de sintoma, que grafa como "sinthoma", com "th", numa contração dos termos "santo homem", retirado da condição de metáfora significante, efeito do recalque, para enraizá-lo no real, na conjunção entre *letra* e *gozo*. O sinthoma, tal como Joyce o apresenta de uma forma artística, é inanalisável.

---

[30] A palavra francesa *trou* designa furo, buraco. O significante utilizado por Lacan *troumatisme* é um neologismo em que ele acentua o que há de furo no traumatismo.

[31] Lacan, J., Le Séminaire, Livre 23, *Le sinthome, op. cit.*

[32] Lacan, J., lição de 16/03/1976.

[33] Lacan, J. (1986). A terceira (1974). In: *Che vuoi?* Ano 1, no. 0, Porto Alegre: Cooperativa Cultural Jacques Lacan, outubro, p. 24.

A obra de Joyce é uma grande fabricação de enigmas. Ao longo de seus principais livros ele desarticula a linguagem, quebrando palavras, construindo outras, fazendo e desfazendo a língua, até chegar a *Finnegan's wake*, onde a linguagem se compõe e se decompõe em farta produção de neologismos. Fazendo da letra *(letter)* lixo *(litter)*, Joyce nos oferece uma escrita desvinculada do sentido, em que o jogo de letras revela algo fundamental para a experiência analítica, que é o lapso. O enigma em Joyce é da mesma ordem do lapso. Desde Freud, o lapso, assim como os atos falhos e os chistes, está no centro da noção de inconsciente. Ao se tomar o lapso como índice do real, pode-se dizer que a escrita de Joyce, com os seus enigmas, toca o real.

Como Freud, Lacan considera que a literatura ensina a psicanálise e que diante de uma obra de arte não estamos numa posição de analistas, mas, ao contrário, somos analisados por ela. Entretanto, Joyce o interessa porque vai além da literatura. É nessa perspectiva que ele se debruça sobre sua obra, não no sentido de apreender o seu conteúdo ou fazer uma psicobiografia do autor, mas para analisar a posição de Joyce em relação à escrita e à letra.

O interesse de Lacan pela escrita é bem antigo e retoma os fundamentos da psicanálise, quando Freud aproxima o sonho da escritura egípcia, pensando o inconsciente como um sistema de inscrições. Desde o seminário sobre "A carta roubada",[34] baseado no texto de Edgar Allan Poe, assim como no escrito "A instância da letra no inconsciente e a razão desde Freud",[35] Lacan faz uma distinção entre *letra* e *significante*, tomando a primeira como suporte material do significante. Posteriormente, dirá que

[34] Lacan, J. (1998). O Seminário sobre "A carta roubada" (1955). In: *Escritos*. Rio de Janeiro: Jorge Zahar.

[35] Lacan, J. (1998). A instância da letra no inconsciente e a razão desde Freud (1957). In: *Escritos*. Rio de Janeiro: Jorge Zahar.

a *letra* é inerente a essa passagem ao real. A escrita, nesse sentido, é fundamental para pensar o registro do real, uma vez que ela transporta restos, restos enigmáticos, aos quais não se tem acesso pelo movimento metaforonímico, que escapam ao sentido.

É, portanto, por via de uma escrita, a do nó borromeano, que Lacan tentará dar uma outra sustentação ao registro do real. A análise que faz de Joyce vem acompanhada de suas tentativas de desdobrar, decompor, quebrar o nó, dissolvendo-o na cadeia borromeana. Nesse jogo de barbantes, muitas vezes enigmático, o que importa marcar é a relação com a escrita que esses exercícios mantêm. O nó é algo que se escreve e é através dessa *escritura* que Lacan elabora a questão do real. O nó suporta o real porque não há outra idéia sensível do real. Nesse sentido, o nó é o próprio real. Esta é a invenção de Lacan. De forma um pouco diferente do que dizia antes, quando supunha um real primordial hipotético que seria pleno, afirma que não há nada a descobrir no real porque o que há aí é um buraco. O inconsciente inventa nesse lugar um saber, pois é preciso inventá-lo para ver onde está o furo, ou seja, para ver a borda do real. A esta borda se tem acesso através de uma escrita, que recorta "pedaços de real".[36] Nas últimas sessões do Seminário sobre Joyce, Lacan apresenta um pedaço de real através do nó. O nó é um caroço, um osso, uma ponta de real em torno do qual o pensamento circula. Como tal, ele traz a marca da falácia, o que testemunha o seu caráter de invenção, o que nos permite retomar a frase que deixamos lá atrás, quando ele diz: "o real isso se inventa, mas é por esse buraco que podemos avançar nisso que inventamos do real". Não se trata da invenção de uma idéia, de um conceito, mas de um pensamento suportado por uma *escritura*. É essa invenção que Lacan nos oferece, como sua resposta sintomática à descoberta freudiana do inconsciente.

[36] Lacan, J.. Le Séminaire, Livre 23, *Le sinthome, op. cit.*, lição de 16/03/1976.

A arte de inventar com pedaços do Real

Ivanir Barp Garcia

Fui-o outrora agora.
F. Pessoa, *Poesias.*

Cada coisa é uma palavra.
E quando não se a tem, inventa-se-a.
Clarice Lispector, *A hora da estrela.*

A palavra inventar ocupa na obra de Lacan um lugar fecundo, fazendo emergir pontos impensados. Em sua incrível singularidade, Lacan não completa, nem retifica a obra freudiana. Ele lê Freud, ele fala Freud, ele o fala, para fazer sua parte, reinventar.

Isto justifica porque, no Seminário *Le Sinthome*, com a ousadia que lhe é própria, Lacan sustenta: "O Real, eu inventei, não porque... procurei, isso se impôs (...) sob a forma de uma cadeia borromeana de três elementos. (...) o Real é um sinthoma, o meu".[1] Lacan inventa o que escreve como real ao mesmo tempo em que reconhece a escritura que o precede, essa que Freud chamou de psicanálise. É ele próprio quem afirma: "Freud fez verdadeiramente uma descoberta (...) (invenção), que podemos dizer que o Real é minha resposta sinthomática. Reduzir esta resposta a ser sinthomática é também reduzir toda a invenção ao

[1] Lacan, J. Seminário 23, *O sinthoma* (1975-1976). Rio de Janeiro: Jorge Zahar, 2007 p. 125-129.

sinthoma".[2] O sinthoma,[3] quarto anel da cadeia borromeana, cujo matema se escreve Σ, signo, é pois o lugar de onde parte toda a invenção.

Inventar, do latim *inventio,* deriva de *in-venire*, achar ou descobrir algo sem um plano preconcebido, o que vem em... sem ser buscado, tem, pois, para o mestre francês, sua origem no sinthoma. A invenção se faz precisamente com pedaços do real que se apresentam "sem ordem e sem lei" e como tal não visam ligar-se a nada. Do verdadeiro Real, ensina Lacan, "só podemos chegar a pedaços (...) é extraordinário que chegar a um pedaço de Real provoque esse efeito (...). É daí que é preciso que partir'".[4] Não deixa de chamar atenção o fato de que, quando alguém o alcança, isso produza tal efeito, a invenção. Houve "um dia que um tal de Newton", inaugural e genial, "achou um pedaço do Real", e soube fazer a sua maneira, inscrevendo em todos os seres pensantes suas pequenas emergências históricas.[5]

No mundo da literatura, J. Joyce não deixa de dar testemunho de que um dia encontrou pedaços do real (*bouts du réel*) ao acaso, nas ruas de Dublin, e com eles soube fazer. As epifanias, encontradas em todos os recantos de sua obra, mostram perfeitamente como Joyce inventou sua arte (literatura) com troços do real, letras, que se impuseram a ele de modo incoercível. Ele entendia a epifania como "(...) uma súbita manifestação espiritual que se traduzia pela vulgaridade da palavra e do gesto ou então por qualquer fase memorável do próprio espírito".[6] Nesta manifestação

[2] Lacan, J., *op. cit.,* p. 128.

[3] O *sinthome* é uma forma antiga de escrever o que foi, posteriormente, escrito como sintoma (*symptôme*). No Seminário 23, *Le sinthome,* consagrado à James Joyce, Lacan resgata o termo sinthome e lhe atribui o estatuto de uma escritura para mostrar o enlaçamento borromeano dos três registros da experiência analítica – real, simbólico e imaginário.

[4] Lacan, J., *op. cit.,* p. 119-20.

[5] Lacan, J., *op. cit.,* p. 119.

[6] Joyce, James (1982). Sthefen Hero. In: *James Joyce. Oeuvres,* La Pléiade. Paris: Gallimard

impensada, a *consonantia* e a *integritas* interagem para produzir a *claritas*. A *claritas*, referida por São Tomás de Aquino como a terceira qualidade do belo, corresponde em Joyce a uma parada luminosa e silenciosa do prazer estético, uma radiância que ilumina subitamente o ser. Essas experiências epifânicas são decisivas para Joyce consolidar a certeza de sua vocação de escritor.[7]

Lacan nos dirá que a famosa epifania de Joyce é sempre ligada ao Real e que, devido a um erro de escritura, "inconsciente (Simbólico) e Real se enodam",[8] ao modo da cadeia olímpica, de Hopf, não borromeana. É próprio da epifania irromper abruptamente, desacomodando a tranqüilidade simbólica e imaginária da cotidianidade, desmantelando e forcluindo o sentido. A forclusão do sentido é própria do Real.

Os momentos epifânicos, instantes especiais de intrusão de pedaços de Real, marcam a ação da *tiquê*. Recordemos, a Tiquê, divindade grega, deusa da fortuna, era quem designava o acaso. Presidia a todos os acontecimentos, distribuindo-os segundo sua cega vontade, mantendo bem traçados aqueles fios que tecem o destino. Lacan entende a *tiquê* como o "encontro com o Real",[9] um encontro no qual o sujeito tropeça, confronta-se, inesperadamente em sua experiência. À *tiquê*, o que sucede, é da ordem do acidente, da causalidade. "São os acasos que nos atiram à direita e à esquerda e é com eles que fazemos – porque somos nós que tecemos como tal – nosso destino".[10] Joyce soube aproveitar a causalidade e com ela tecer o seu destino de escritor, escritor

---

[7] Millot, C. (1993). Epifanias. In: Retratura de Joyce. Uma perspectiva lacaniana. Rio de Janeiro: *Letra Freudiana*. Ano XII, nº 3, p. 148.

[8] Lacan, J., *op. cit.*, p. 151.

[9] Lacan, J. (1988). O Seminário, Livro 11, *Os quatro conceitos fundamentais da psicanálise* (1964). Rio de Janeiro: Jorge Zahar, p. 56.

[10] Lacan, J. (1989). Joyce o sintoma. In: *Shakespeare, Duras, Wedekind, Joyce*. Lisboa: Assírio & Alvin, p. 138-39.

do enigma por excelência. O enigma, como o próprio nome sugere, é uma enunciação a céu aberto, "uma enunciação da qual não se acha o enunciado",[11] como define Lacan.

As epifanias – pequenos textos fragmentados, diálogos soletrados, frases triviais, anódinas, imprevisíveis, esvaziadas da significação fálica –, cuidadosamente ordenadas e interpoladas na obra joyceana, são verdadeiros enigmas lançados ao mundo. Geram enigmas para os outros. Joyce bem que sabia disso e Lacan não deixa de sublinhar:

> É impressionante. Joyce tinha-o dito: "O que escrevo não deixará de dar trabalho aos universitários". E ele não esperava nada menos do que mantê-los ocupados até a extinção da Universidade (...) isso só pode acontecer porque o texto de Joyce está recheado de problemas cativantes, fascinantes, a despertarem o apetite do universitário.[12]

As epifanias mostram uma das mais originais invenções de sua escritura. Com sua arte pode realizar a passagem do sintoma (epifania), o que desacomoda, o que tem valor traumático, ao sinthoma que é sua escritura.[13]

O sinthoma de Joyce, segundo Lacan, é o sinthoma de alguém que está parasitado pela linguagem, mas é também de alguém que a todo instante dá um pequeno retoque na língua. E é na medida em que a cada instante se cria um pequeno retoque na língua que ela se mantém viva. "Ela é viva enquanto a cada instante criamo-la. E é nisto, diz Lacan, que não há inconsciente coletivo, há apenas inconscientes particulares",[14] inconscientes

---

[11] Lacan, J., Seminario 23, *O sinthoma, op. cit.*, p. 65.

[12] Lacan, J., Joyce o sintoma, *op. cit.*, p. 139.

[13] Millot, C., *op. cit.*, p. 148.

[14] Lacan, J., Seminário 23, *O sinthoma, op. cit.*, aula de 13/04/76.

singulares, como propõe R. Harari, "já que o particular se define pelo universal".[15] Se o particular como um traço que faz conjunto com o geral reenvia permanentemente ao fechamento, o singular, por sua vez, reivindica um traço não repetível, único.

Joyce joga-goza com as palavras. Trama, tece, rompe, arranja e rearranja, faz chistes, com troços da língua. Sua singular maneira de forjar os termos, de jogar com eles, desarticulando-os, fragmentando-os, combinando-os por homofonia, por translingüisticidade, transliterações, põe em evidência que a língua não é um todo. E há aí um *savoir y faire* com sua escritura, garantia do seu sinthoma. Um saber fazer com artifício, com arte, com artimanha, ao modo do artesão que imprime sua marca singular em seus artefatos.

Joyce é um artesão, um homem do *saber fazer com* as letras, isto é, com uma singular colocação em ato da *alíngua* com o que consegue a todo instante inventar e injetar significantes novos, "que não teriam, como o Real, nenhuma espécie de sentido",[16] no velho mundo da literatura. "Nunca se tinha feito literatura assim",[17] expressa Lacan.

O protótipo do inventor é aquele que faz heresias. Diz Lacan que Joyce é como ele, um herege da boa maneira. Heresia, do grego *haíresis,* quer dizer escolha. Entretanto, para ser herético, adverte Lacan, "é preciso escolher a via por onde tomar a verdade",[18] não a *verité* senão a *varité*, isto é, escolher o caminho da variedade [*variéte*] da verdade [*verité*], própria de cada um. Mais ainda, "uma vez feita a escolha, isso não impede a ninguém submetê-la à confirmação, isto é, ser herege da boa maneira".[19]

[15] Harari, R. (1993). *¿ De qué trata la clinica lacaniana?* Buenos Aires: Catálogos, p. 202.

[16] Lacan, J., Seminário 24, *L'insu...* (1976-1977). Aula de 15/05/77. Inédito.

[17] Lacan, J., Joyce o sintoma, *op. cit.*, p. 142.

[18] Lacan, J., Seminário 23, *op. cit.*, aula de 18/05/75.

[19] Idem.

A escolha herética, então, não é uma escolha solitária, caótica, privada, própria da subjetividade do neurótico, que procura manter em segredo, por meio de diques repressivos, seus sintomas, seus fantasmas, senão que se trata de uma escolha que busca confirmação de e com outros.

O herege da boa maneira é aquele que por haver reconhecido bem a natureza do seu sinthoma não teme, nem se priva de usá-lo logicamente, ou seja, submetê-lo à confirmação, torná-lo público, manipulá-lo até alcançar o seu real, o real da sua invenção, e aplacar a sua sede. Eis aí o caminho da singularidade, a garantia de um certo grau de liberdade de um sujeito.

Propiciar ao sujeito conhecer as coisas nas quais ficou prisioneiro, estagnado no sintoma, e com elas, com as mesmas coisas, inventar o sinthoma é a tarefa que nos cabe como analistas.

No seminário *L'insu...*, Lacan diz que é preciso antes de qualquer coisa tirar partido do sintoma, conhecê-lo, "quer dizer fazer com, saber desemaranhá-lo, manipulá-lo"[20] para artificiar o sinthoma. Trata-se, pois, de um saber fazer diferente com aqueles mesmos elementos que outrora deram lugar ao sintoma. Como lembra R. Harari, "já não se trata da oposição tradicional saber textual-saber referencial" – este, como presença de um excesso, chamado teoria, que denuncia um gozo fálico, gozo da palavra em seu uso obturador – 'senão saber fazer: o saber em ato, e sem repressão'"[21]

Então, se o sintoma é próprio da privacidade do neurótico, o que não pode tornar-se público, contrariamente o sinthoma produz um herético, não dogmático, que não se priva de alcançar o que deseja e tornar público o seu *savoir y faire avec...* É

[20] Lacan, J., Seminário 24, *op. cit.*, aula de 16/11/76.

[21] Harari,R., *op. cit.*, p. 203.

nesse sentido que cada um não é responsável senão na medida do seu saber fazer, daquilo que larga no mundo e se torna "in-mundo",[22] sob a forma socrática de "tudo, mas não isso".[23]

Mas em que consiste a responsabilidade? Somos responsáveis de que e ante quem? Nos *Escritos*, "introdução teórica às funções da psicanálise em criminologia", lemos que "a responsabilidade (...) o castigo, é uma característica essencial da idéia do homem que prevalece numa dada sociedade".[24] Todavia, em "Ciência e verdade", Lacan faz a seguinte afirmação: "por nossa posição de sujeito, sempre somos responsáveis".[25] Seja como for, "a posição do psicanalista não deixa escapatória, já que exclui a ternura da alma bela".[26] Isto implica que o sujeito deve "responder de si, e para si. Do contrário, o analisante não conseguirá responsabilizar-se por sua vida, estagnando-se em seu mal-estar mediante o 'alívio' projetivo".[27] Portanto, já não se trata de "identificar responsabilidade com castigo, mas com uma postura ética que não seja canalha".[28]

Alguns anos mais tarde, no Seminário 23, o termo responsabilidade surge inteiramente articulado ao sinthome. Disse Lacan:

> somos responsáveis, na medida do nosso *savoir-faire*. (...) digamos que é a arte, o artifício, o que dá à arte, a arte de que somos capazes, um valor notável (...) já que não há Outro do Outro para operar o julgamento final (...) Responsabilidade quer dizer, não resposta[29] às demandas do Outro.

---

[22] Idem.

[23] Lacan, J., Seminário 23, *O sinthoma, op. cit.*, aula de 18/05/75.

[24] Lacan, J. (1998) Introdução teórica às funções da psicanálise em criminologia. In: *Escritos*. Rio de Janeiro: Jorge Zahar, p. 139.

[25] Lacan, J., Ciência e verdade. In: *Escritos, op. cit.*, p. 837.

[26] Idem.

[27] Harari, R. (1995). *Como se llama James Joyce? A partir de "El sinthoma", de Lacan.* Buenos Aires: Amorrortu, p. 113.

[28] Idem.

[29] Lacan, J., Seminário 23, *O sinthoma, op. cit.*, aula de 13/01/76.

Essa é, então, a nossa responsabilidade, isto é, *saber-fazer-ali-com* aquilo que gera sofrimento, pesa e amarra, alguma outra coisa.

Em se tratando do sintoma, convém dizer que ele é gozo, "gozo podre por natureza",[30] como define Lacan no Seminário *A angústia*. Isto é, algo ali adquiriu uma dimensão putrefata, especialmente por ser essa tensão que, no sintoma, condensa a vida sexual e sofrimento. O gozo do sintoma é, também, um gozo fálico, em sua presença e em sua ausência, sempre parcial e localizado enquanto o é de um órgão, mas nem por isso deixa de ser fora-do-corpo. Como se pode ver na cadeia borromeana de três – RSI – escrita por Lacan no Seminário 22, o gozo fálico, caracterizado como uma invasão do simbólico no real, fica fora-do-corpo (*hors-corps*) e fora do sentido (*hors-sens*). Entretanto, qualquer um que venha nos apresentar um sintoma "acredita que ele tem um sentido"[31] e que somente é preciso decifrá-lo. Com efeito, há aí um gozo do sentido que, paradoxalmente, tortura com sua ausência.

Diferentemente, no que diz respeito ao gozo do sinthoma, Lacan faz, nos últimos anos de seu ensino, uma nítida diferenciação. Especificamente, no Seminário *... ou pire*, ele o caracteriza como gozo mental, atribuição dada por ele ao gozo do Outro, na seguinte afirmação: "do Outro não se goza senão mentalmente".[32] Este gozo mental, que não é racional, não é intelectual, tampouco parcializado no corpo pelo falo, Lacan o escreve como S (A), significante da falta no Outro. É um gozo no corpo (*en-corps*), mas no corpo do significante mesmo, como tal. Na conferência *Joyce, o sintoma,* o gozo do sinthoma é denominado, pelo mestre francês, como "gozo opaco, por excluir

---

[30] Lacan, J. (2004). O Seminário, Livro 10, *A angústia* (1962-1963). Rio de Janeiro: Jorge Zahar, p. 140.

[31] Lacan, J., Seminário 22, *R.S.I* (1974-1975), aula de 21/01/75. Inédito.

[32] Lacan, J., Seminário 19, *... ou pire* (1971-1972), aula de 8/03/72. Inédito.

o sentido",[33] ao mesmo tempo pacificador, pois, à diferença do sintoma neurótico, não reclama por nenhum sentido faltante.

O gozo próprio do sinthoma é um gozo puro e apaziguador, que não oferece resistência, que "não é fálico como o gozo do sintoma, não é enigmático, nem é sofrido passivamente... está mais além da transferência, por isso não é interpretável, e nos conduz ao fim de análise".[34] O gozo mental, que Lacan também chama de "gozo completamente fraco, [...] o espírito",[35] participa da colocação em ato de um artificiar inventivo, sustentando o acesso a pontas do Real e correlativamente produzindo singularidades, comprometendo, portanto, o sujeito na totalidade do seu ser que é "gozo do ser",[36] "gozo da vida".[37]

O sinthoma, como invenção, é, na definição lacaniana, "desabonado do inconsciente",[38] fora do discurso, não faz perguntas, não procura respostas, não demanda nem aceita interpretação. É simplesmente um saber fazer aí, pondo em descoberto que "não há nenhuma possibilidade de agarrar alguma coisa... do próprio inconsciente",[39] por conseguinte, "não há nada que fazer ali para analisá-lo".[40] É um não ao endeusamento do inconsciente representacional. Verifica-se, então, que o sinthoma "não é localizável no inconsciente, mas é inconsciente ao sujeito".[41] Lacan afirma que "Joyce – em seu êxtase fazedor – não

---

[33] Lacan, J. (2003). Joyce, o sintoma. In: *Outros escritos*. Rio de Janeiro: Jorge Zahar, p. 566.

[34] Feinsilber, E. (1993). El goce del sintoma. In: *Atas da Reunião Lacanoamericana de Psicanálise de Porto Alegre*. v. 2. Porto Alegre:Recorte, p. 774-5.

[35] Lacan, J., Seminario 23, *O sinthoma, op. cit.*, aula de 13/01/76.

[36] Lacan, J. (1982). O Seminário, Livro 20, *Mais, ainda* (1972-1973). Rio de Janeiro: Jorge Zahar Editor, p. 96.

[37] Lacan, J., Seminário 22, *R.S.I., op. cit.*, aula de 10/12/74.

[38] Lacan, J., Joyce o sintoma, *op. cit.*, p. 143.

[39] Lacan, J., *op. cit.*, p. 142.

[40] Lacan, J., Seminário 23, *O sinthoma, op. cit.*, aula de 16/03/76.

[41] Harari, R., Como se llama..., *op. cit.*, p. 213.

sabia que estava fazendo sinthoma. Este lhe era inconsciente e é por este fato que ele é um puro artífice (*artificier*), que ele é um homem de *savoir-faire*. Isto é, o que também se chama de artista".[42] Tal artifício sinthomático é o que responde não à elocubração, mas à realidade do inconsciente – o inconsciente como uma formação psíquica inventivamente diferenciada, não negociável, não metaforizável.

Por fim, o sinthoma – artifício, invenção, dimensão herética não dogmática – é da ordem do necessário, o que não cessa de se inscrever na constituição subjetiva. Ele escreve o irredutível da estrutura e permite sinalizar na análise a palavra fim. Para esse fim de análise, Lacan escolheu chamar de "identificação ao sinthoma". Ser Um com ele (sinthoma), com o que ele significa para cada um. Isto outorga ao sujeito "outra forma de credibilidade"[43] que lhe permite tomar distância do sintoma e gozar da vida.

---

[42] Lacan, J., Seminário 23, *O sinthoma, op. cit.*, aula de 9/03/76.

[43] Lacan, J., Seminário 22, *R.S.I., op. cit.*, aula de 18/02/75.

Escrita e criação

Andréa Vieira Zanella

Escrita da escrita. Ou uma escrita sobre o processo da escrita, sobre o movimento que se (re)desfaz a cada palavra, a cada frase, nas pausas e silêncios que expressam o silenciamento da palavra ou do próprio autor à sua procura. Procura incessante, angustiante, intensa, a revelar o que Deleuze anuncia: "escrever é um caso de devir, sempre inacabado, sempre em via de fazer-se, e que extravasa qualquer matéria vivível ou vivida. É um processo, ou seja, uma passagem de vida que atravessa o vivível e o vivido".[1]

Pois bem Reconhecer o inacabamento e ao mesmo tempo objetivar um acabado, algo que se apresenta como criação[2] a ser recriada por um outro leitor, é processo que poderia dizer, no mínimo, complexo. Paralisante, por vezes, em razão da dificuldade de se encontrar as palavras que podem vir a traduzir o que é supostamente claro no diálogo do autor consigo mesmo, diálogo em que muitas vozes se apresentam a demandar *contrapalavras*.

---

[1] Deleuze, Gilles (1997). *Crítica e clínica*. São Paulo: Ed.34, p.11.

[2] O conceito de criação utilizado neste texto é o apresentado por Vygotski. O autor destaca a criação como potência de toda e qualquer pessoa, pois "é precisamente a atividade criadora do homem que faz dele um ser projetado para o futuro, um ser que cria e modifica seu presente". Vygotski, L. (1990). *La imaginación y el arte en la infancia*. Madrid: AKAL, p. 9. O sentido de criação, para o autor, e que se apresenta neste texto, é de invenção de novos possíveis.

Angustiante, quase sempre, pois há muito a se considerar, seja em relação ao que se quer dizer, ao que se pretende seja lido, aos muitos outros que se consideram leitores potenciais, a si mesmo como outro dessa escrita que se cria no processo de sua própria tessitura e que recria, no emaranhado de palavras a se entrelaçar, seu próprio autor.

Há também algo de não traduzível, de não enunciável no processo da escrita, algo que se apresenta como possibilidade de palavras outras, várias, de múltiplos sentidos a seguirem caminhos inesperados via leitor que necessariamente (re)cria e atualiza o lido. Escrita como abertura, leitura como (re)criação, processos a tecerem imprevistos encontros de autor e leitor na reinvenção do próprio texto que se apresenta como mote para texturas várias.

Paralisia, angústia, outro, vozes, imprevistos, possibilidades, impossibilidades...

Esses primeiros parágrafos, arduamente tecidos depois de uma fermentação de meses que foi inaugurada com o convite para esta escrita e arrastada até sua explosão, objetivam de certa forma o que posso hoje dizer sobre o processo de criação na escrita, e a dificuldade que a criação desse escrito sobre o escrito. Afinal, criação é processo, é acontecimento em que

> [se vivencia] o trabalho criador, mas o vivenciamento não escuta nem vê a si mesmo, escuta e vê tão-somente o produto que está sendo criado ou o objeto a que ele visa. Por isso o artista nada tem a dizer sobre o processo de sua criação, todo situado no produto criado, restando a ele apenas nos indicar a sua obra; e de fato é aí que iremos procurá-lo.[3]

[3] Bakhtin, M. (2003). *Estética da criação verbal*. Introdução e tradução do russo de Paulo Bezerra. 4ª. ed. São Paulo: Martins Fontes, p.5.

Porém, o convite é para falar não sobre a obra, o que escrevo, mas sobre o próprio processo de sua escritura. E como falar de um sem anunciar o outro?

Escrevo há tempos, escritas várias, a partir de necessidades que se inauguram nos contextos dos quais participo e lugares sociais[4] que ocupo. E também escrevo a partir de um lugar outro que procuro inaugurar para mim mesma, como projeto para o envelhecer, que, embora presente desde o nascimento,[5] se anuncia como possibilidade para um vivível não lamentado, um vivível imaginado, inventado, criado.

Para o lugar de visibilidade, na condição de professora, orientadora, pesquisadora, inscreve-se uma escrita que por vezes não mais angustia. Escrita descrita, palavras alicerçadas em fazeres e que se apresentam como narração de um vivido e sua recriação no próprio texto produzido. Muitos dos outros com os quais essa escrita dialoga são pretensamente identificáveis, eleitos previamente, alguns deliberadamente – é o caso dos autores vários citados, cujas palavras são recortadas e apresentadas no corpo do texto como mote para a adesão, a recusa, a contrapalavra. Há também outros anônimos, vários, a compartilhar interesses teóricos, preocupações políticas, interrogações epistemológicas e ontológicas.

---

[4] O conceito de lugar social aqui empregado fundamenta-se nas reflexões de Mikhail Bakhtin, desenvolvidas na obra *Marxismo e filosofia da linguagem* (São Paulo: Hucitec, 1997), sobre a dialogicidade das relações sociais e dos processos comunicativos. Entendido como lugar simbólico, implica necessariamente um outro que se constitui como audiência para o qual a fala se dirige. Werstch, nessa mesma direção, apresenta o conceito de lugar social em substituição ao conceito de papel, comumente utilizado pela psicologia, apontando a inadequação deste último por não considerar a dialogicidade ou pluralidade de vozes características dos processos comunicativos humanos. Wertsch, J. (1993). *Voces de la mente: un enfoque sociocultural para el estudio de la acción mediada*. Madrid: Visor Distribuiciones.

[5] Sais, Almir P. (2007). *A (des)construção da velhice: uma analítica interpretativa*. Projeto de tese apresentado ao programa de pós-graduação em psicologia da Universidade Federal de Santa Catarina. Não publicado.

Talvez uma das características dessa escrita descrita que posso anunciar, e assumo como norte para sua tessitura, seja a tentativa de reconhecimento e anúncio de alguns presumidos. Os presumidos, ou contexto extraverbal da enunciação, o horizonte espacial e ideacional compartilhado pelos falantes em interação, como define Voloshinov/Bakhtin,[6] é aspecto a considerar em sua especificidadem quando se trata da escrita.

Presumidos abundam na linguagem oral, principalmente quando pessoas estabelecem estreitas relações, como Kiti e Levin, personagens criados por Tolstoi no romance *Ana Karenina* e que são apresentados em sua conversa quase sem palavras por Vygotski,[7] ao falar da possibilidade de abreviação da linguagem dirigida a um outro que compartilha o mesmo espaço e seus múltiplos enunciados. Presumidos também se apresentam em escritas várias, para diferentes interlocutores, e embora não desejados, estão presentes na escrita descrita que se intitula de acadêmica. Nesse caso presumidos são outros a serem traduzidos, ou pretensamente reconhecidos, o que se apresenta como objetivo na tentativa de garantir (e capturar) a leitura que virá.

Mas como capturas são meramente projetos a provocar linhas de fuga, em se tratando de escrita descrita, acadêmica, pretensamente científica, esse projeto é intenção não garantida, pois por mais que as palavras sejam cuidadosamente escolhidas, os conceitos definidos, as reflexões alinhavadas com um fio de náilon a lhes dar sentido, há sempre várias possibilidades de escuta do que se apresenta como marcas de tinta em uma folha de papel. Essas possibilidades expressam a diversidade de lugares

---

[6] Voloshinov, V.; Bakhtin, M.. Discurso na vida e discurso na arte. Tradução não publicada de C. Faraco e C. Tezza, para uso didático, da tradução inglesa de I.R.Titunik, publicada em Voloshinov, V. (1976). *Freudism.* New York: Academic Press, s/d.

[7] Vygotski, L. (1991). *Obras escogidas II: pensamiento y lenguaje.* Madrid: Visor Distribuiciones S.A..

teóricos que caracterizam o universo das ciências que, pretensamente exatas, inevitavelmente sucumbem à polissemia das palavras que as fundam.

Os presumidos compartilhados na escrita descrita, aqueles que são possíveis de anunciar e assumir como norte para o encadeamento de palavras, frases e parágrafos, não o são presumidos em geral, compartilhados por toda e qualquer pessoa, mas sim àquelas pessoas que transitam pelos conceitos e reconhecem a lógica argumentativa que se inaugura em um determinado lócus e a partir deste se/o (re)constitui.

Presumidos, reitero, são horizontes comuns que possibilitam a enunciação da palavra e ao mesmo tempo a escuta pretendidos. Esclarecem Voloshinov/Bakhtin que presumidos podem ser tanto compartilhados por um pequeno grupo, como a família, quanto por um grande número de pessoas, em diferentes tempos e espaços. Nesse caso, as avaliações presumidas estão presentes

> na carne e sangue de todos os representantes deste grupo; elas organizam o comportamento e as ações; elas se fundiram, por assim dizer, com os objetos e fenômenos aos quais elas correspondem, e por essa razão elas não necessitam de uma formulação verbal especial.[8]

Palavra falada é palavra outra em relação à palavra escrita, inscrita seja no papel, na tela, na parede; é outra em relação à palavra/imagem visual. Palavra falada, onde o pensamento não simplesmente se expressa, mas fundamentalmente se inaugura na própria enunciação, é arena em que sentidos vários transitam e sua inteligibilidade depende do quanto autor e ouvinte compartilham o que se apresenta como não dito no que está dito. Esclarece Vygotski que,

---

[8] Voloshinov, V.; Bakhtin, M., *op. cit.*, p. 6.

> quando nos pensamentos dos interlocutores existe um sujeito comum, a compreensão se alcança por completo com a ajuda de uma linguagem abreviada ao máximo e com uma sintaxe extremamente simplificada. Em caso contrário, a incompreensão é total, por mais que se empregue uma linguagem completa.[9]

Palavra falada pressupõe um outro próximo, aquele a quem essa palavra se dirige e que compartilha o contexto extraverbal, ainda que outros ausentes estejam sempre presentes em toda e qualquer enunciação.

Palavra/imagem visual, palavra escrita, por sua vez, é proferida na ausência desse outro, ausência essa que poderia dizer limitada à não presença física. Afinal, a presença de um outro, suposto, pretendido, outro como aquele singular ou coletivo a quem a palavra se dirige, é condição de sua própria produção. Escrita é, nesse sentido, palavra dirigida a um outro, real ou imaginário, com o qual o autor se comunica, dialoga. Outro que pode ou não compartilhar conhecimentos vários, pode ou não participar do contexto extraverbal pressuposto e cuja condição, em relação ao não dito, inaugura a própria escrita e a orienta.

No caso da escrita descrita, acadêmica, como já dito, presumidos se procuram explicitar, o horizonte comum (re)constituir na complexa trama de palavras e vírgulas, pontos de exclamação, pontos e vírgulas, enfim, nas possibilidades imagéticas de tradução das pausas, dos silêncios, dos ditos e não ditos. Busca incessante de uma pretensa precisão, de sentidos unívocos a se apresentarem como reflexo do que se quer dizer/mostrar/explicar. Impossibilidade, por certo, pois todo e qualquer discurso

[9] Vygotski, L., *op. cit.*, p. 324.

> (...) não reflete uma situação extraverbal do mesmo modo como um espelho reflete um objeto. Ao contrário, seja na vida, seja na arte, é ativo, é produtivo. Resolve uma situação, leva-a a uma conclusão avaliativa ou estende a ação para o futuro. O discurso não reflete uma situação; ele *é* uma situação.[10]

Escrita/descrita, acadêmica, é discurso, é criação de seu autor a recriar a realidade em foco. Mas é uma criação que apresenta especificidades a serem reconhecidas, e talvez sua marca primeira seja o fato de que antes de seu início é possível desenhar um projeto, um rascunho que serve de alinhavo para a costura a ser tecida. É possível delimitar, de saída, um objetivo/ponto de chegada e também a carta de navegação que permitirá ao escritor atravessar os mares de palavras possíveis até a ilha almejada, sem se perder pelo caminho, sem enveredar por desvios anunciados pelo canto de sereias/palavras que buscam seduzir para portos outros.

O leitor dessa escrita/descrita tem com essa carta de navegação, geralmente anunciada nos parágrafos primeiros, a possibilidade de acompanhar a travessia e avaliar, depois do percurso lido, se foi uma boa escolha de caminho, se o ponto de chegada, anunciado de saída, foi de fato a realização do prometido, se valeu a pena acompanhar e reviver o trajeto proposto. Autor e leitor parecem, nessa escrita, transitar por mares conhecidos e com instrumentos supostamente precisos, com bússola a orientar a direção a ser seguida. Sereias/palavras não são muito felizes em suas tentativas de distrair o escritor, e se isso vier a acontecer, está comprometida a própria promessa de viagem.

Mas a imprecisão, característica de toda e qualquer criação, se evitada pelo autor na escrita/descrita, aí também se faz presente. Por mais precisa a carta de navegação anunciada e a

[10] Clark, K.; Holquist, M. (1998). *Mikhail Bakhtin*. São Paulo: Perspectiva, p. 225.

viagem/texto produzida, ao leitor o canto das sereias/palavras, presente nas entrelinhas, é anúncio da possibilidade de viagens outras, de devaneios, de relações com outras palavras lidas e vividas, de relações com outros contextos. É anúncio de desorientação que pode vir a ser pretexto de um outro texto a ser criado, que anuncia o leitor como criador, como pessoa que reinventa o lido e que pode, com os fragmentos daqui e dacolá, a partir dos desvios perseguidos, produzir novas escritas a se apresentarem como possibilidades para outras leituras e escritas e...

A precisão da escrita, por mais que pretendida, é abertura à imprecisão da leitura, posto a dupla face dos signos, como destaca Deleuze:

> junto à regularidade das enunciações, cujo sentido é facilmente detectável, convivem momentos em que a ordem esperada é rompida e o não-sentido, aí estabelecido, foca a busca sem tréguas de novos sentidos.[11]

Nessa busca de novos sentidos instaura-se a possibilidade de criação. Criação que tem na imaginação[12] seu fundamento,[13] pois parte da combinação de múltiplos recortes de impressões/imagens da realidade vivida, compondo arranjos variados, bricolagens de realidade, *patchworks* de vida. Criação como ato de resistência,[14] uma linha de fuga à sociedade do controle que

[11] Tedesco, S. (2005). Literatura e clínica: ato de criação e subjetividade. In: Maciel Júnior, A.; Kupermann, D. e Tedesco, S. (orgs.), *Polifonias: clínica, política e criação.* Contra Capa Livraria/Mestrado em psicologia da Universidade Federal Fluminense, p. 144.

[12] Imaginação é considerada, a partir dos aportes vygotskianos (1990), atividade psicológica que compreende complexos processos de pensamento em suas relações igualmente complexas com a emoção, sendo, portanto, fundamental à resistência ao que se apresenta como realidade instituinte.

[13] Vygotski, L., *La imaginación y el arte en la infancia, op. cit.*

[14] Deleuze, G. (1999). O ato de criação. *Folha de S. Paulo,* Caderno Mais!, 27 de junho.

se objetiva de infinitos modos. Criar e resistir, vida e arte, supostas distâncias que se esvaem na luta diária e que fazem do existir uma prática constante de reinvenção de si e da realidade, ao mesmo tempo em que faz da arte possibilidade de todos e qualquer um.

Esclarece Vygotski que "na vida que nos rodeia a cada dia existem todas as premissas necessárias para criar e tudo o que excede do marco da rotina, incluindo até uma mínima partícula de novidade, tem sua origem no processo criador do ser humano".[15] O processo de criação parte, pois, da realidade, da miríade de luzes, formas, consistências, sabores, texturas e sons que, uma vez combinados, transformados, negados, configuram possibilidades infinitas de recriação da própria realidade e, ao mesmo tempo, de (re)significação do próprio sujeito que, ao reinventar a vida, reinventa a si mesmo. Criação, portanto, é invenção.

E o que posso dizer sobre a outra escrita em que tenho procurado me aventurar? Ah, nesse caso o que apaixona é justamente o deixar-se encantar pelo canto das sereias/palavras e seguir seu fluxo, enveredando por braços d'água desconhecidos. Permitir-se a aventura, o encontro com o imprevisto, seguir o turbilhão de encantamento e deixar os dedos tilintarem nas teclas registrando as palavras/imagens visuais que preenchem a tela vazia do computador. Deleite, por certo, arrebatamento, sem dúvida.

Mas... há sempre um mas! Ilusão pensar que essa escrita/encantamento se constitua somente com essa captura e a entrega consentida. Essa talvez seja a melhor parte, a que possibilita a invenção de lugares outros para si, para a própria condição de existência. Outro movimento, no entanto, que se mescla a essa desterritorialização, se apresenta e é condição para o acabamento necessário ao que se apresenta como promessa de obra.

[15] Vygotski, L., *La imaginación y el arte en la infancia*, *op. cit.*, p. 11.

Obra será com o distanciamento do próprio autor em relação à sua emergente criação, o que o permitirá olhar, ad-mirar o que está sendo composto, os braços d'água percorridos, para então delinear contornos, fronteiras aos próprios caminhos trilhados e seus personagens. Olhar – como um estrangeiro,[16] como outro de si mesmo,[17] com o movimento exotópico[18] que esse acabamento requer e o excedente de visão que é próprio à condição de outro[19] – a própria produção e a viagem que a possibilitou. Distanciamentos e retornos, em uma dança onde se é o bailarino e ao mesmo tempo o coreógrafo que precisa olhar o corpo que risca o espaço para delinear o acabamento de cada movimento e de todos em seu conjunto.

Eis o que posso escrever, hoje, sobre o processo da escrita. Vejamos o que pode o leitor ler sobre o escrito.

---

[16] Sobre o olhar do estrangeiro, ver Peixoto, Nelson B. (1999). O olhar do estrangeiro. In: Novaes, Adauto (org.). *O Olhar*. 7ª. ed. São Paulo: Companhia das Letras, p. 361-365.

[17] Sobre a temática alteridade na perspectiva do enfoque histórico-cultural em psicologia, ver Zanella, Andréa V. (2005). Sujeito e alteridade: reflexões a partir da psicologia histórico-cultural. *Psicologia e Sociedade,* Porto Alegre/RS, v. 17, p. 99-104.

[18] Bakhtin define exotopia como o distanciamento em relação ao personagem. Para o autor, "A atividade estética começa propriamente quando retornamos a nós mesmos e ao nosso lugar fora da pessoa que sobre, quando enformamos e damos acabamento ao material da compenetração" (Mikhail Bakhtin, *op. cit.*, p. 25).

[19] Bakhtin tece uma profunda reflexão sobre a relação eu-outro, destacando que somente outro pode delinear minhas fronteiras pois tem um excedente de visão em relação a mim. É uma impossibilidade física a pessoa se olhar, olhar o seu corpo enquanto totalidade acabada, o que radicaliza a compreensão do outro como constitutivo do eu. Para o autor, "O homem tem uma necessidade estética absoluta do outro, do seu ativismo que vê, lembra-se, reúne e unifica, que é o único capaz de criar para ele uma personalidade externamente acabada; tal personalidade não existe se o outro não a cria; a memória estética é produtiva, cria pela primeira vez o homem exterior em um novo plano de existência" (Mikhail Bakhtin, *op. cit.*, p. 33).

Noite e dia e alguns monocromos psíquicos[1]

Edson Luiz André de Sousa

Je me suis uni à la nuit.
René Char

Apontamentos noturnos para um dia logo

Noite, dia, noite, dia, noite... Interessa-nos a passagem. Hora em que os anjos descem à Terra para nos falar, desde que fiquemos em silêncio. Silêncio que precisamos em toda passagem. Do dia para a noite, da noite para o dia, da vida para a morte. Podemos evocar aqui John Cage e seu elogio ao silêncio: "nenhum som teme o silêncio que o extingue. E nenhum silêncio existe que não esteja grávido de sons".[2]

Noite pulsão... na noite os contornos se perdem. Por isso a obscuridade é uma das imagens do desamparo. Lugar do segredo. Segredo que se escreve. Recebi de um amigo uma caixa-poema de uma poeta desconhecida, escondida talvez em alguma noite.[3] Nina do Valle começa assim sua *Doce nave*:

---

[1] Este texto é uma versão ampliada do artigo "Noite e dia e alguns monocromos psíquicos" publicado na *Revista do Departamento de Psicologia da UFF*, nº 18.1, 2006.

[2] Cage, J. (1985). *De segunda a um ano – novas conferências e escritos de John Cage.* Trad. Rogério Duprat. São Paulo: Hucitec, p. 98.

[3] Agradeço a Evandro Salles o precioso presente.

O tempo é o dia e a noite antes
e depois o dia
por que o olhar está olhando em linha reta
mas está vendo as curvas
o olhar diabólico vendo as diferenças entre
isso e aquilo, entre isso e o igual...[4]

O terror noturno de perder-se no espaço, no monocromo negro da noite e diluir-se em um mimetismo mágico. Possibilidade também do risco, de ser outro, de habitar outro tempo. Lugar do sonho. A noite diz do desejo, do sexual. Tempo rebelde a toda organização. Diluição. Noite. Desejo. Tocamos neste ponto o sexual, já que Lacan, no seminário "O desejo e sua interpretação", nos diz que "o desejo é uma realidade psicológica rebelde a toda organização".[5]

Dia fantasma. Um certo contorno um pouco mais definido, captura em um campo de reconhecimento. Dia que tenta elaborar a experiência da noite, em vão. O excesso de luz impede também de ver. Dia que faz o elogio do amor, este que pode ser revelado e que é alimentado por tudo que foi silenciado durante a noite.

Noite/dia, transposição de fantasmas, perigo. Roger Caillois inicia seu clássico "Mimetismo e a psicastenia legendária" com a lembrança: "cuidado: de tanto brincar de fantasmas, nos tornamos um".[6] Aponta para o que faz diferença entre um e o outro, questão essencial em minha reflexão sobre monocromos, seja os

---

[4] Valle, Nina (1985). *Doce nave.* Ilustrado por Evandro Salles. Brasília: Edições Barbárie, p. 2.

[5] Lacan, J. (2002). *Seminário – O desejo e sua interpretação* (1958-1959). Porto Alegre: Associação Psicanalítica de Porto Alegre, publicação não comercial – Circulação Interna da Associação Psicanalítica de Porto Alegre, p. 20.

[6] Caillois, R. (1938). *Le mythe et l'homme.* Paris: Gallimard, p. 86.

de tinta e luz, seja o que estou nomeando como monocromos psíquicos. Diz Caillois: "de qualquer lado que se abordem as coisas, o problema último é afinal de contas este da distinção. Distinção do real e do imaginário, da vigília e do sono, da ignorância e do conhecimento".[7]

Os monocromos

O ponto de partida é sempre o desassossego. Desassossego como uma espécie de desequilíbrio diante da simples visão do fio que temos que percorrer, fios que recortam o espaço e nos indicam que as superfícies são configurações do ideal. Não há como percorrer a vida como se fôssemos superfícies, nos lembra Schopenhauer no seu comovente *A arte de ser feliz*.[8]

O único percurso é como o da linha. Percursos por vezes cegos, no escuro, a sós. Há *só cegos* neste espaço obscuro. A superfície rasgada testemunha a presença de um sujeito em deslocamento. De onde? Para onde? Questões cruciais que passamos a vida tentando responder. Então vejamos um pouco do desassossego de um grande poeta:

> Cada qual tem o seu álcool. Tenho álcool bastante em existir. Bêbado de me sentir, vagueio e ando certo. Se são horas, recolho ao escritório como qualquer outro. Se não são horas, vou até o rio, como qualquer outro. Sou igual. E por trás de isso, céu meu, constelo-me às escondidas e tenho o meu infinito.[9]

---

[7] Idem.

[8] Ver Shopenhauer, A. (2001). *A Arte de ser feliz*. São Paulo: Martins Fontes.

[9] Pessoa, F. (1999). *Livro do desassossego*. Org. Richard Zenith. São Paulo: Companhia das Letras,p. 136.

Este é um das centenas de fragmentos do *Livro do desassossego*, de Fernando Pessoa. Indica-nos o rumo de nossa reflexão: o tropeço que acerta o passo. Aliás, como Freud nos mostrou com todas as formações do inconsciente. Sem este avesso da palavra, do gesto, do corpo não teríamos como saber sobre o que efetivamente nos move. Este breve fragmento mostra de forma clara o princípio da busca da síntese com o outro, que podemos chamar de identificação e uma espécie de resto desta operação, o que resiste a uma diluição completa (que só teremos na morte) e que conhecemos com o nome de sintoma (constelações escondidas que guardam os infinitos). Infinitos/enigmas, infinitos/noites, infinitos/dias.

"Sou igual": princípio da *mimesis*, da busca do equilíbrio cinza que mistura todas as cores. Aqui neste ponto, impossível não evocar Roger Caillois novamente:

> O desejo de assimilação ao espaço, de identificação à matéria aparece com freqüência na literatura lírica: é o tema panteísta da fusão do indivíduo com o todo, tema onde precisamente a psicanálise vê a expressão de uma espécie de saudade (*regret*) da inconsciência pré-natal.[10]

Sou igual, sem distinção de cores, apagando ilusoriamente esta linha do contorno entre um e outro, entre o eu e o espaço, princípio da *mimesis*. "O mundo tende em direção à uniformidade".[11]

Neste ponto, Caillois busca apoio em Sigmund Freud e, sobretudo, em seu *Mais além do princípio do prazer*. Freud, como sabemos, vai discorrer sobre a elasticidade da vida orgânica, e a pulsão de morte seria então esta força que tenta reequilibrar a perturbação que o estar vivo produz; "o fim em direção ao qual

[10] Caillois, R., *op. cit.*, p. 120.

[11] Caillois, R., *op. cit.*, p. 118.

tende toda vida é a morte, pois o indivíduo, por razões internas, deseja o repouso, a igualização das tensões químicas, a insensibilidade, a inconsciência da morte". Freud é categórico: "a meta de toda vida é a morte".[12]

Sou igual e *como qualquer outro* busca esta imagem apaziguadora do eu que tenta cobrir-se com o manto produzido pelos espaços. "O Eu é permeável ao espaço".[13] Assim, os espaços escuros, com seus mantos negros recobrem nossos corpos de medo e gozo. Os espaços escuros apagam provisoriamente os contornos do eu, mostrando o quanto o mimetismo perfeito, a diluição completa no Outro (espécie de hemorragia narcísica) implicaria o que Caillois chama de despersonalização por assimilação ao espaço.

Depois do *sou igual*, um contraponto para nosso alívio, diz Pessoa: "e por trás disso". Alívio, há algo por trás, outra face, um sintoma que funciona como um osso na garganta da boca do espaço devorador. No entre-vírgulas, lemos *céu meu*; composição especular e sonora de um eu... eu..., céu meu: tema do duplo que funciona como um espelho onde buscamos um mínimo de foco. Vale ainda lembrar que temos um eu cujo acento o abre (éu) e um eu fechado (eu). Podemos também ler "seu meu", tema novamente do duplo e da fronteira inconstante entre o eu e o Outro. Os monocromos psíquicos buscam esta espécie de foco. As constelações escondidas que produzimos funcionam, portanto, como manchas que rasgam as superfícies uniformes. O monocromo obedece a uma espécie de tentação do princípio zero e que poderia figurar como uma operação matemática do tipo: 1-1 = zero, a diferença diluída, a operação finalizada, sem resto.

Podemos encontrar em um conto de Jack London, "A sombra e o brilho", uma problematização deste estilo de operação

---

[12] Freud, S. (1981). *Obras completas.* Madrid: Biblioteca Nueva, p.2526.

[13] Roger Caillois, *op. cit.*, p. 112.

matemática em que o zero seria uma espécie de invisibilidade. Este pequeno conto surpreendente nos permitirá abrir espaços para as imagens dos monocromos que evoco neste artigo. London começa assim seu texto:

> De um lado, havia Lloyd Inwood, alto, magro, bem apessoado, nervoso e moreno. De outro, Paul Tichlorne, alto, magro, bem apessoado, nervoso e louro. Um era a cópia do outro em tudo, exceto nas cores. Os olhos de Lloyd eram negros, os de Paul azuis. Quando o momento era de grande excitação, o sangue tornava as faces de Lloyd cor de azeitona, e as de Paul, cor de carmim. Mas tirando essa questão de coloração, eles eram parecidos como duas ervilhas.[14]

Estas frases poderiam ser pensadas como duas pinturas monocromáticas, uma na busca do preto e outra na busca do branco. Lloyd Inwood como "o quadrado preto suprematista", pintura de Kasirmir Malevitch[15] e Paul Tichlorne como "a composição suprematista branca", pintura também de Malevitch.[16] Visualmente o conto já nos mostra que a narrativa terá o ritmo do tic-tac, do zig-zag, do *Fort-Da*. O desenho da frase evidencia um ritmo constante de rotação: de um lado, de outro... Toda a narrativa pulsará neste tom, aliás, seguindo a estrutura clássica do conto, que é de contar sempre duas estórias. Há sempre uma mais visível e outra que corre no subterrâneo do texto, revelando um outro sentido. O prazer da leitura e a riqueza do conto estão neste choque, na tensão entre as duas estórias que habitualmente surpreende o leitor.

[14] London, J. (2002). A sombra e o brilho. In: *Coletânea o outro, três contos de sombra*. Rio de Janeiro: Dantes Editora, p. 11.

[15] Esta pintura encontra-se na Tretiakov Gallery em Moscou. (79,4 X 79,4 cm). Ver catálogo Kazimir Malevitch, Amsterdam, Stedelijk Museum, 5/3/1989 – 29/5/1989.

[16] Pintura no acervo do Museu de Arte Moderna de Nova York (79,4 X 79,4 cm). Catálogo Kazimir Malevitch, *op. cit.*

Então, é pelas cores que eles encontravam esta pequena diferença. O conto de London é quase pintura, uma palheta de tons, sombras, luzes, brilhos, reflexos. O que nos interessa aí é justamente este trânsito de um para o outro, de Lloyd para Paul, do dia para a noite, do eu para o Outro. Trabalhamos aqui com o tema do duplo, clássico na história do pensamento e fundamental na história da psicanálise. A cor funciona no conto como dobradiça do texto. Ela vai recortando as posições ora de um, ora de outro. Trata-se, portanto, de uma *cor ação*. Batimentos que embalam a rivalidade feroz entre os dois personagens. Goethe, em sua *Doutrina das cores*, já no prefácio enfatiza a relação entre cor e ação. "As cores são ações e paixões da luz. Neste sentido podemos esperar delas alguma indicação sobre a luz".[17] A narrativa de London vai intercalando os passos de Lloyd e de Paul, e o leitor fica ofuscado nas passagens abruptas, violentas, surpreendentes entre um e outro. A passagem ofusca e nos informa sobre as posições de cada um. A dobradiça cumpre a função do terceiro, ponto de giro. No conto é o narrador que se coloca nesta posição, e é talvez desde este lugar que somos convidados a também ler o texto.

> Mas essa amizade tão peculiar envolvia um trio, e o terceiro elemento era baixo, atarracado, gordo e preguiçoso – e, lamento dizer, esse terceiro era eu. Paul e Loyd pareciam ter nascido para ser rivais, e eu, para fazer as pazes entre eles. Crescemos juntos, os três, sendo que muitas vezes sobravam para mim os socos que eles desfechavam um contra o outro.[18]

---

[17] Goethe, J. W. (1993). *Doutrina das cores*. Apresentação e tradução de Marco Giannotti. São Paulo: Nova Alexandria, p. 35.

[18] London, J., *op.cit.*, p. 12.

Socos como sobras, corpo-dobradiça que tenta aparar esta violência excessiva do encontro com o seu duplo. Se pensarmos nas duas pinturas de Malevitch que evoquei como metáforas que interpelam a luz e a escuridão, veremos que se trata aí de experiências limites. Goethe qualifica estes estados como "extremos".

> A retina, segundo o efeito sobre ela exercido pela luz ou escuridão, se encontra em dois estados inteiramente opostos. Quando mantemos os olhos abertos num quarto totalmente escuro, sentimos uma certa ausência... Ao voltarmos os olhos para uma superfície intensamente iluminada, eles se ofuscam... Dessa maneira, cada um desses estados extremos ocupa toda a retina e, nessa medida, percebemos um só de cada vez.[19]

Nesta passagem de um a outro delineamos a idéia da permeabilidade de cada corpo. Como sabemos, a permeabilidade da noite/obscura não é a mesma que a do dia/luz. Caillois insiste na permeabilidade ao escuro; espaços, portanto, que funcionam como mata-borrões e perfuram o contorno da pele, deixando verter o escuro de dentro para o escuro de fora,[20] território precioso dos fantasmas e que muitos conhecem quando precisam acender a luz para distrair os pensamentos noturnos.

Lloyd e Paul sempre disputando. Certa vez jogaram-se em um açude para ver quem tinha o maior fôlego. Não fosse nosso amigo narrador da história jogar-se desesperado no açude e arrancá-los do fundo, teriam morrido.

---

[19] Goethe, J.W., *op. cit.*, p. 52.

[20] Ver a belíssima passagem de Saramago, J. (1997) *Todos os nomes*, São Paulo, Companhia das Letras, p. 177, "homem, não tenhas medo, a escuridão em que estás metido aqui não é maior do que a que existe dentro do teu corpo, são duas escuridões separadas por uma pele, aposto que nunca tinhas pensado nisto, transportas todo o tempo de um lado para outro uma escuridão, e isso não te assusta, há bocado pouco faltou para que te pusesses aos gritos só porque imaginaste uns perigos, só porque te lembraste do pesadelo de quando eras pequeno, meu caro, tens de aprender a viver com a escuridão de fora como aprendeste a viver com a escuridão de dentro..."

> Encontrei-os no fundo, agarrados com toda a força às raízes, as cabeças muito próximas, os olhos arregalados, cada um olhando fixamente para o outro. Estavam sofrendo horrivelmente, contorcendo-se de um lado para o outro na agonia da sufocação voluntária – porque nenhum dos dois daria o braço a torcer admitindo ter perdido.[21]

Rivalidade feroz em tudo. Cada um busca superar o outro a todo custo. Assim se acompanham de muito perto, pois cada um funciona como a borda do outro. Estão lado a lado diante do pódio que só reserva lugar para um deles no topo. Pódio – figura emblemática de nossos tempos velozes onde o que importa não é chegar, mas sim chegar antes que o outro. Vale a lembrança de um surpreendente trabalho de Arthur Bispo do Rosário que vi na exposição "Ordenação e Vertigem".[22] Trata-se de três pequenos cubinhos em madeira numerados: 1,2,3. Estão colocados no formato de um pequeno pódio. Em cada cubo uma sílaba escrita: Pó – Di – Um. Assim Bispo desmonta a palavra, deixando verter uma interrogação que se fez para mim imagem: pode um? Pergunta sobre o poder que abriu uma cicatriz no emblema que tanto nos fascina.[23]

Ambos vão estudar química. Lloyd começa a se interessar por uma reflexão sobre a cor. Parte da idéia de que cor é sensação e conclui, portanto, que "todos os objetos são negros no escuro, e no escuro é impossível enxergá-los. Se nenhuma luz incidir sobre eles, nenhuma luz será irradiada de volta em direção ao olho, e assim não teremos qualquer evidência visual de que eles existem".[24] Assim começam suas experiências de produzir

---

[21] London, J., *op.cit.*, p. 14.

[22] Exposição no Centro Cultural Banco do Brasil em São Paulo. Ordenação e Vertigem, agosto a outubro 2003. Curadoria Jane de Almeida e Jorge Anthonio e Silva.

[23] Podemos ainda ler "pó de um", entonação que abre uma rima com a morte.

[24] London, J., *op.cit.*, p. 19.

o preto absoluto. Paul também busca a invisibilidade, mas por outra via. Vai estudar a polarização da luz, difração e interferência. Tenta buscar a transparência absoluta. Busca soluções que modifiquem a estrutura molecular das matérias. A transparência possibilita que todas as luzes atravessem e então se torna invisível ao olho. Ambos vão obtendo sucesso em suas pesquisas. O narrador da história conta surpreso o susto que teve quando colocou o dedo na tinta preta que Lloyd preparara e viu seu dedo subitamente desaparecer. Paul também conseguiu um surpreendente resultado. Injetou o reagente que pesquisara em seu cão e nosso amigo narrador surpreendeu-se ao tropeçar no animal. Só pode vê-lo quando Paul amarrou um lenço no pescoço do seu cão. Via então um lenço andando sozinho no espaço.[25]

Lloyd e Paul iam aprimorando cada vez mais seus experimentos. Um detalhe importante e revelador do impasse da invisibilidade surgiu nos experimentos de Paul. Seu cão invisível teve o crânio esmagado por uma forte pancada. Perdeu a vida e a invisibilidade. O curioso, contudo, foi a rapidez com o que seu corpo se decompusera. Podemos aqui pensar a invisibilidade como uma espécie de apagamento do Outro e portanto a diluição completa do organismo no espaço, a *mimesis* perfeita, ou seja, não deixa de ser uma das figuras possíveis da morte. Diz Paul:

> Os reagentes que injetei em seu corpo eram inofensivos. Mas eram poderosos. Por isso, parece que, ao ocorrer a morte, eles provocam uma desintegração praticamente instantânea. Incrível! Realmente incrível! Bem, o que se tem a fazer é não morrer. Os reagentes não fazem mal, desde que o organismo continue vivo. Simples portanto, basta não morrer. A morte vem atrapalhar nossos experimentos.[26]

[25] London J., *op.cit.*, p. 35.

[26] Idem.

O que ainda não falei para vocês é que na busca da invisibilidade, nesta impregnação monocromática que ambos buscavam, havia um detalhe que resistia e que funciona como o pequeno resto que denuncia a presença do sujeito. Lloyd não conseguira evitar uma pequena sombra que por vezes aparecia conforme o ângulo de incidência de luz e Paul também não evitara um pequeno brilho furtacor que por vezes também aparecia. Sombra e brilho: as imperfeições que nos preservam.

Como o leitor pode imaginar e como não poderia deixar de ser, Lloyd e Paul se encontram na última cena do conto. Em uma quadra de tênis travam uma briga de morte. A invisibilidade que conseguiram os proteger de mais uma interferência do amigo. Ele nada pode fazer a não ser aguardar o silêncio depois da batalha mortal.

> Os segredos de suas maravilhosas descobertas morreram junto com Paul e Lloyd, tendo ambos os laboratórios sido destruídos pelos parentes enlutados. Quanto a mim, devo dizer que já não me interesso por pesquisas químicas e que a ciência é um assunto proibido em minha casa. Voltei a me dedicar às rosas. E dou-me por satisfeito com as cores da natureza.[27]

Os encontros com nossos duplos são os mais surpreendentes. Vivemos na pressão do princípio de que o semelhante produz o semelhante, esta fascinação em relação à sua própria imagem, narcisismo que nos lança em encontros inusitados e assustadores.

Um destes encontros que pude testemunhar aconteceu junto com meu amigo Evgen Bavcar. Grande escritor da luz, fotógrafo esloveno, cego desde a idade de 12 anos. Sua obra luminosa nos interpela sobre a condição de visibilidade. Ele é categórico ao

---

[27] London, J., *op.cit.*, p. 47.

afirmar que não podemos conceber uma arqueologia da luz sem considerar a escuridão, e sem elucidar o fato de que a imagem não é apenas alguma coisa da ordem do visual, mas pressupõe, igualmente, a imagem de obscuridade e das trevas.

Bavcar vai buscar no quadrado negro de Malevitch um estado primeiro da imagem, como uma borracha que precisa abrir espaços na folha repleta de traços. Ele insiste que o "quadrado negro" de Malevitch traz a esperança de um olhar para além do banal onde tudo se nivela. Diz ele:

> é preciso ir agora para trás do quadrado negro, concebendo as trevas não somente como superfície, mas sobretudo como um volume, como um espaço existencial em que podem ainda aparecer algumas estrelas redentoras brilhando por sobre o novo.[28]

O encontro do duplo aconteceu em uma manhã cinzenta e fria de uma segunda-feira em minha cidade natal, Pelotas. Saímos para uma pequena caminhada nos arredores do hotel onde estávamos, com a filmadora na mão, e Bavcar ia registrando suas últimas imagens de Pelotas, pois voltaríamos a Porto Alegre no início da tarde. Surpreendente a habilidade com que manejava a filmadora, buscando ângulos impensados por nossa cegueira de videntes. Percebo uma certa inquietação dele no momento em que escuta um carroça que vem em nossa direção. Comenta sua fascinação por cavalos. Pude ver depois em alguns filmes sobre ele a destreza com que cavalga e o carinho com que trata os cavalos. Pediu-me para acompanhá-lo até a carroça. Um senhor "baixo, atarracado e gordo" – como nosso narrador no conto do London – e muito humilde, recolhia restos de comidas dos restaurantes

---

[28] Bavcar, E. (2001). O ponto zero da fotografia. *Catálogo da exposição na Galeria Sotero Cosme*. Porto Alegre: Casa de Cultura Mário Quintana, Julho, p. 7.

para sua criação de porcos. Seu aspecto um pouco rude, com gestos bruscos e voz alta, contrastava com a suavidade na voz de Evgen, que queria saber mais sobre o cavalo. Ali o brilho dos olhos azuis de Bavcar encontrou a alegria e orgulho deste desconhecido com seu cavalo. Conversaram durante longos minutos sobre raças de cavalos. No momento da despedida, a pergunta essencial que dá o tom à cena que vai acontecer. Sem esta pergunta a cena não teria adquirido sua magia, sua surpresa, seu desenlace impressionante. Bavcar pergunta como se chama o cavalo? A resposta é surpreendente: "Quero-Ver". Bavcar, surpreso, se aproxima do cavalo e o abraça dizendo: "Sou eu!". Encontra de forma inusitada seu duplo, seu nome trotando esquecido em uma rua sombria de uma cidade no sul do Brasil. Pede-me para tirar uma fotografia, que, aliás, saiu fora de foco e que talvez até por isso tenha sido publicada na abertura do seu belíssimo livro *Memória do Brasil*.[29]

Então: quero ver... O que é possível ver? O que vemos? O que nos olha?[30] Os monocromos psíquicos funcionam como

---

[29] Referência ao livro *Memória do Brasil*, organizado por Elida Tessler e João Bandeira, São Paulo, Editora Cosac & Naify, 2003. Transcrevo aqui um fragmento da descrição de Evgen Bavcar da cena que referi no texto. "Em realidade, meu primeiro encontro com as ruas de Pelotas estava carregado de significações misteriosas. Penso seguidamente naquele cocheiro, que trabalhava na coleta de lixo da cidade. Tendo sentido e ouvido o cavalo, eu quis me aproximar. Pedi gentilmente a seu dono se podia tirar uma foto do animal. Não se tratava, claro, de uma foto artística, mas a de uma identidade simples. Ele concedeu-me o favor, ordenando ao cavalo que não se mexesse. Aliás, o nome do cavalo era revelador para o meu desejo fotográfico 'Quero-Ver'! Esse encontro inesperado entre dois cúmplices fez rir muito meus acompanhantes, sobretudo Edson, que nos revelou o segredo do nome do cavalo. Imediatamente pensei numa célebre novela de Anton Tchekhov, *Angústia*. O escritor nos descreve a jornada de um cocheiro que tenta em vão contar a seus clientes apressados a morte de seu filho. Como ninguém quer escutá-lo, ele acaba por contar sua história ao cavalo. Quanto a mim, infelizmente, não tenho às vezes sequer um cavalo ao alcance da mão. Que sorte, enfim, aquele dia em Pelotas em que tantos cúmplices me cercavam, Benjamin, Edson, o cocheiro, e também Quero-Ver! Nesses raros momentos, sinto a vida quase como uma dádiva. Se um dia voltar a Pelotas, farei o possível para reencontrar Quero-Ver e fazer dele uma fotografia a cores. Talvez nesse dia ele também se sentirá mais livre, pois pedirei a seu dono um pequeno favor. Estou convencido de que concordará em retirar-lhe as viseiras por um instante."

[30] Ver neste ponto o livro de Didi-Huberman, G. (1998), *O que vemos, o que nos olha*, São Paulo, Editora 34.

manchas que tentam encobrir um pouco os buracos que o sexual produz. Sintomas costurando a borda de nosso radical desamparo diante do desejo do Outro. Monocromos que obedecem à cadência da repetição.

Para concluir, uma pequena nota clínica que indica a riqueza de imagens que tais reflexões inspiradas na literatura podem nos abrir em nosso trabalho cotidiano de escuta.

Rafael, quando tinha 12 anos, assistia em seu quarto a um filme com algumas imagens de mulheres "quase nuas". Não se lembra ao certo que imagens eram estas e qual o filme. O que não esqueceu foi a entrada abrupta de sua mãe no quarto, que o surpreendeu vendo algo que ela julgava excessivo. Colocou-se na frente da televisão ainda ligada, barrando com seu corpo as imagens destas mulheres, e Rafael pôde então ver sua mãe-cortina, sua mãe-envelope, sua mãe transparente, cuja camisola de seda deixava à vista do filho assustado o contorno de seu corpo. Imagem que teve para ele um efeito traumático e que lhe introduziu uma experiência suprematista em sua vida sexual: a presença quase obrigatória do branco! Monocromo suprematista, inaugural de uma cegueira que faz ver: branco sobre branco de Malevitch. Em dezenas de outros detalhes que não poderei evocar aqui, já que estou concentrado nas cores; vale lembrar que seu corpo começou a produzir um branco de dentro para fora: um vitiligo importante em inúmeras partes do corpo mas sobretudo no rosto. Seu corpo perdendo a pigmentação, grudado na imagem da mãe que o interdita e o seduz na cena da televisão, reproduz de alguma forma o branco sobre o branco de Malevitch. Ponto zero da pintura, da origem, da vida.

Delírios, sonhos e gestos freudianos na última narrativa de Osman Lins

Ana Luiza Andrade

A língua tem indicado inequivocamente que a memória não é um instrumento para exploração do passado; é, antes, o meio. É o meio onde se deu a vivência, assim como o solo é o meio no qual as antigas cidades estão soterradas. Quem pretende se aproximar do próprio passado soterrado deve agir como um homem que escava. Antes de tudo, não deve temer voltar sempre ao mesmo fato, revolvê-lo como se revolve o solo. Pois "fatos" nada são além de camadas que apensas à exploração mais cuidadosa entregam aquilo que recompensa a escavação.

Walter Benjamin, *Rua de mão única*[1]

Em *Gradiva, uma fantasia pompeiana*(1903),[2] de Wilhelm Jensen, a arqueologia, a psicanálise, a mitologia e a arte contribuem para um enredo de ficção em que uma estátua pompeiana, desenterrada das ruínas do Vesúbio, vem à tona da memória de um jovem arqueólogo, Norbert Hanold. Esta passagem à memória confunde a sua paixão pelos fósseis, vinda da profissão, com a paixão por sua vizinha de infância, uma moça chamada Zoe, cuja semelhança à estátua Gradiva não é gratuita: ela ressurge finalmente como pessoa viva, participante da vida de Hanold, ambos

[1] Benjamin, W. (1997). Escavando e recordando. Rua de mão única. *Obras escolhidas II*. São Paulo: Brasiliense.

[2] Jensen, W. (1987). *Gradiva, uma fantasia pompeiana* (1903). Rio de Janeiro: Jorge Zahar.

descobrindo um amor nascente. Daí serem dois os níveis principais de leitura do texto, igualmente importantes para a sua compreensão: o nível arqueológico, em que a estátua, funcionando como fragmento de um contexto histórico morto, volta à vida, junto com o desvendamento de toda a história de Pompéia e seu soterramento pelo Vesúvio, e a antiga situação da Gradiva dentro desta história.

No nível psicanalítico, Freud lê neste soterramento uma repressão do erotismo que Gradiva desperta em Hanold, o arqueólogo. Ao reaparecer de fato em sua vida, em sua "natureza corpórea", como um amor do qual ele não tinha consciência, Zoe, sua amiga de infância, faz reviver a estátua como se a desenterrasse: na volta de um arquivo morto, ou semimorto, arquivo de memória que se confunde com o sonho, a ficção, ou até o "inconsciente" disfarçado no interesse arqueológico de Hanold, ela se confunde com a fantasia do romance de Jensen: um romance entre Hanold e Zoe. Típico romance do século XIX em sua dimensão histórica e arqueológica, ele traz para o presente textual as escavações de arqueólogos viajantes, similar às egípcias, que eram bem conhecidas na época, com o descobrimento recente das tumbas de faraós e a escavação de suas antigas civilizações. Em *Delírios e sonhos da "Gradiva" de Jensen* (1907), Freud define os termos psicanalíticos "repressão" (*Verdrängung*) *e* "inconsciente" para ilustrar sua própria leitura analítica dos sonhos de Hanold, e do texto, de uma maneira geral. Ele escreve:

> O conceito de "inconsciente" é o mais amplo, sendo o de "reprimido" o mais restrito. Tudo o que é reprimido é inconsciente, mas não podemos afirmar que tudo o que é inconsciente é reprimido. Se ao ver o relevo, Hanold houvesse recordado do modo de andar de Zoe, o que anteriormente fora uma lembrança inconsciente se teria tornado simultaneamente ativa e consciente, e isso teria demonstrado que essa

> lembrança não fora reprimida. "Inconsciente" é um termo puramente descritivo, indefinido em alguns aspectos, e, poderíamos dizer, estático. "Reprimido" é uma expressão dinâmica, que leva em conta a interação de forças mentais; implica a presença de uma força que procura provocar toda uma série de efeitos psíquicos, inclusive o de tornar-se consciente, e a essa força opõe-se uma outra força contrária, capaz de obstruir alguns desses efeitos psíquicos, inclusive também aquele de tornar-se consciente. A característica de algo reprimido é justamente a de não conseguir chegar à consciência, apesar de sua intensidade. Portanto, no caso de Hanold, a partir do momento em que surge o relevo, passamos a nos ocupar com alguma coisa inconsciente que está reprimida ou, mais simplesmente, com alguma coisa reprimida.[3]

Assim o próprio Freud atua como arqueólogo. Em *Construções em análise,*[4] compara a tarefa do analista à do arqueólogo; daí buscar por meio das "pegadas" de Gradiva suas "inconfundíveis" impressões nas cinzas, trazendo-a à tona do seu discurso. Pois o fato de Freud perceber "a perfeita analogia entre o soterramento de Pompéia – que fez desaparecer, mas ao mesmo tempo preservou o passado – e a repressão" habilita-o a ler nas fantasias e ações de Hanold um duplo grupo de determinantes. O delírio de Jensen torna-se também um comentário sobre a arte, pois se baseia no relevo da jovem que caminha de modo gracioso: a estátua, pertencente ao período áureo da arte grega, encontra-se hoje no museu Chiaramonti, no Vaticano, como observa Freud, leitor de Arnold Hauser, destacando que "da união de Gradiva com outros fragmentos, existentes em Florença e Munique, foram obtidos dois relevos, cada qual representando

---

[3] Freud, S.(1996) Delírios e sonhos na *Gradiva* de Jensen (1907). In: *Obras psicológicas completas de Sigmund Freud.* Rio de Janeiro: Imago, p. 50-51.

[4] Freud, S. (1996). Construções em análise (1937). In: *Obras psicológicas completas de Sigmund Freud.* v. 23. Rio de Janeiro: Imago, p. 275.

três figuras, identificadas como as Heras, as deusas da vegetação, e as divindades do orvalho fertilizador que são aliadas a elas".[5]

Em *Domingo de Páscoa,*[6] última narrativa de Osman Lins (1924-1978), as alusões aos ressurgimentos das artes sobre soterramentos simbolicamente renovadores, relacionadas às areias de Guarapari no Espírito Santo, remetem às lembranças reprimidas e trazidas à tona em *Gradiva, uma fantasia pompeiana*, de Jensen. A catástrofe que soterra Pompéia, seguida das escavações e redescobertas, paralelas às da tragédia cristã que tem início com o sacrifício, a morte e a ressurreição de Cristo, se realiza na novela de Osman Lins profanamente como o assassinato de um judeu russo, e tanto motiva o esquecimento ou a repressão da memória, como também a redescoberta ritualística que o ressuscita.

A fantasia osmaniana sobre a morte de um judeu russo no dia da Páscoa, em um hotel de turismo, em Guarapari, no século XX, destaca, antes de tudo, as constantes ameaças à função simbólica da arte, seu difícil ressurgimento em um meio consumista e mercadológico, no qual o perigo da morte participa integralmente de um cotidiano cada vez mais destruidor dos valores simbólicos. Nesta fantasia, que gira entre o presente, o passado e o futuro, a principal marca artística entre seres predestinados – uma "auréola negra" que caracteriza cenas emergentes vindas de um fundo sombrio sonhado, aparentemente inconsciente, parentético – parece indicar que os "soterramentos" reprimidos no inconsciente prenunciam iluminações profanas contrastantes,

[5] Freud, S., Delírios e sonhos na *Gradiva* de Jensen, *op. cit.*, p. 88.

[6] *Domingo de Páscoa,* novela publicada pela primeira vez na revista *Status* (1977). Foi reeditada em 1982 no volume *A south american trilogy,* Universidade do Texas, Austin, organizada por Luis Ramos Garcia, traduzida em edição bilíngüe por Fred P. Ellison e Ana Luiza Andrade, e introduzida por Julieta de Godoy Ladeira. Nesta introdução, a escritora e mulher de Osman Lins atesta que ele não sabia de sua morte próxima ao escrever esta novela. Ainda há uma outra reedição de *Domingo de Páscoa,* a utilizada aqui (In: *Travessia 33,* revista de literatura. Ilha de Santa Catarina: Universidade federal de Santa Catarina, ago-dez,1996, p.120-131).

entre elas, um gesto manual de luz e sombra: colocadas as mãos contra um lençol iluminado, no efeito de deslumbrantes lanternas mágicas, a marca simbólica da arte refuncionaliza a sua aparição, tanto como no meio de produção cinematográfico, quanto como lembrança das produções que remontam aos primitivos desenhos anunciados nas cavernas rupestres. Radicalizando os extremos de passado e futuro, Lins amplia as manifestações artísticas em suas possibilidades técnicas, desde os cultos primitivos às telas de cinema.

> A parede não é inteiramente branca e sim com desenhos verdes, losangos do tamanho de ervilhas, riscos verticais e folhas. Isso tornava ainda mais atraentes, mais vivas, as sombras que alguém fazia com as mãos. Agitam-se as orelhas do assustado Coelho. O Cão sem língua abre muitas vezes a boca e late. Voa o Pássaro, voa. O Macaco: seu rígido perfil. Levanta-se, longa, a garganta da Ema, bico interrogatório. O limitado zoológico de sombra me diverte. Mas quem, quem, com luz, mãos e parede, me fez tão feliz?[7]

A narrativa parece querer desenterrar fragmentos de um *corpus* osmaniano quando gestos, sonhos, cenas familiares emergem no texto como de um inconsciente apenas vislumbrado. No momento iluminado da cena, uma volta feliz à infância através da tela fantasiosa de um zoológico, Lins recupera o momento de fascínio artístico desenvolvido posteriormente. Enquanto, em outros momentos, paira a sombra ameaçadora do esquecimento. De fato, se a catástrofe que soterra Pompéia ameaça semelhantemente, desde o início, a natureza corpórea dos seres assinalados em *Gradiva, uma fantasia pompeiana*, em *Domingo de Páscoa* o ambiente turístico bárbaro, característico do fim das

[7] Lins, O., *Domingo de Páscoa, op.cit.*, p. 126.

civilizações, faz com que os velhos relutem contra a morte ao cobrir-se com as areias cosméticas, argilosas e renovadoras, esperançosos de uma cura ou um rejuvenescimento natural, por um lado. Por outro, os jovens se vêem continuamente ameaçados por desnaturadas máquinas fabricadas principalmente desde o século anterior, cujo exemplo, o do famoso zepelim Hindenburg, ressurge na tela da televisão como um prenúncio e uma lembrança: a de ser uma das primeiras catástrofes coletivas causadas pelo progressismo técnico.

Logo no início da narrativa de Osman Lins, a imagem do vulcão natural do texto oitocentista, *Gradiva,*[8] é substituída pela do zepelim, enquanto, no inverso do cenário artificial, as areias orgânicas, com suas vulcânicas energias, exercem seu poder natural e potencialmente curativo. Representando um ser híbrido que reúne energias orgânicas e inorgânicas, a imagem daquela que se chama Narcélia, narcotizada e solar, criatura meio viva e meio morta, em sua condição de paralítica em uma cadeira de rodas, parece querer sintetizar a tendência meio humana e meio máquina de seu devir em potencial. Em seu devir-maquínico e em seu devir-animal, condição do fim da modernidade, recorrente nos textos de Lins, Narcélia também funciona como humana e desumana, monstro e máquina, símbolo e circunstância, corpórea e incorpórea, arte e engenho, expressando convivências conflitantes do texto com a cultura de seu tempo, assim como com a arte moderna em geral. A dualidade de Narcélia lembra a do olho orgânico e o de vidro que se contrastam em "Um ponto no círculo", de Osman Lins.[9] Mas as marcas de sua cadeira de rodas deixadas nas areias (e no texto) como significantes sinais de passagem, evocam, ainda, certas cenas do filme de Hitchcock de

[8] Título breve para o romance de Wilhelm Jensen, *Gradiva, uma fantasia pompeiana,* já citado.

[9] Lins, O. (1966). Um ponto no círculo. In: *Nove, novena, narrativas.* São Paulo: Martins.

1945, *Spellbound* ou *Quando fala o coração*, um filme que, não coincidentemente, traz o assunto da psicanálise para seu enredo, especialmente quando exibe rastros na neve (análogos aos de Narcélia nas areias) que também sugerem a tinta sobre o papel em branco, como marcas da memória.[10]

Porém, se a natureza da Gradiva é colocada em questão pela imaginação delirante do arqueólogo que luta entre o sonho de um "real" reprimido e uma memória que emerge das profundezas do inconsciente; a natureza fictícia e realista, funcional e disfuncional de Narcélia, a personagem paralítica, já é dupla desde o início, sendo a sua circulação dependente dos cuidados cosméticos de seu enfermeiro, responsável pelo mecanismo de sua produção. Seu enfermeiro – ou outra função desdobrada do escritor – cuida dela, renovando sua organicidade natural corpórea: lubrificando suas rodas, regenera sua técnica locomotora, ação que se equipara à do cosmético que ela usa. O maquinismo de Narcélia parece aludir à sua função metafórica de abrir caminhos no texto, assim como o Hindenburg tinha função coletiva de transporte.[11] Com efeito, a catástrofe do Hindenburg parece ser tão ameaçadora quanto a do Vesúvio pompeiano. Ele inaugura as catástrofes públicas dos transportes

---

[10] Alfred Hitchcock (Diretor). *Quando fala o coração* (*Spellbound*) (1945). Roteiro: Ben Hecht; elenco: Ingrid Bergman, Gregory Peck, Leo G. Carroll, Jen Acker, Rhonda Fleming. Baseado no romance *The House of Dr. Edwardes,* de Francis Beeding. Trilha sonora de Miklos Rozsa. Seqüência de sonho de Salvador Dali. O filme faz uma homenagem a Freud, trazendo a psicanálise como método de cura de maneira pedagógica. Mesmo que o filme seja melodramático, que simplifique questões psicanalíticas, e apesar de obviedades imagéticas como a cena de uma série de portas se abrindo como alusão à abertura das "portas da mente" ou ao irracional do amor, as imagens oníricas de Salvador Dali, que aparecem no sonho de Gregory Peck como um "aflorar do inconsciente", são bastante sugestivas e mostram, entre outros, motivos recorrentes de suas séries artísticas de "olhos ciclopeanos" e "relógios moles", enigmas alusivos ao olho vigilante do pai e ao tempo que flui contrariamente ao tempo cronometrado. Refiro-me a "marcas da memória" ao evocar o texto de Derrida, Jacques (1967), Freud e a cena da escritura, in: *A escritura e a diferença.* São Paulo: Editora Perspectiva, p. 179.

[11] Vale lembrar que o significado de metáfora em grego é o de meio de transporte.

coletivos dentro de um projeto progressista de modernização, e principalmente assinala as diferenças entre um século XIX, ainda marcado por suas catástrofes naturais, e o XX, cujo devir-maquínico do homem produz armamentos autodestrutivos.

Na narrativa de Lins, a lua contrasta-se à luz néon, o mar à piscina, e os ambientes naturais, como as areias, o céu, o mar, aos desnaturalizados, como o do hotel balneário, o zepelim, a televisão e os transportes. O artificial e o natural funcionam como a justaposição da vida à morte, os cuidados com a fertilização e a lubrificação do rito de renovação e, ao mesmo tempo, na sua interface, a fragilização e a vulnerabilidade propensos a um imprevisível acaso. Se, no século passado, o Hanold de Jensen sonha com a salvação de Gradiva do vulcão que soterra Pompéia, transformando-a, de gente que era, em estátua, Osman Lins toma a defesa do artista de sua época contra o vulcão de barbárie e de falsos espetáculos, destruidor dos valores espirituais, tendo sido esta defesa guerreira, viajante, sonhadora, e servido de matéria ficcional para muitos de seus textos, como é exemplo o *Avalovara,*[12] romance-pássaro, romance-livro e objeto artístico.[13]

Osman Lins sentiu-se particularmente afetado por uma divisão do trabalho capitalista, cuja transformação em mercadoria atinge de modo inequívoco aos que dependiam do velho conceito de vocação,[14] como os artistas. De modo que não é coincidência encontrar nesta sua última narrativa, *Domingo de Páscoa*, um judeu russo que se depara com um artista, e um observar no outro a

---

[12] Lins, O. (1973). *Avalovara* , romance. São Paulo: Melhoramentos.

[13] Andrade, Ana Luiza (2005). A casa do romance e suas séries industriais: *Avalovara* como *objet d'art*. In: Maria Augusta Fonseca (org.), *Olhares sobre o romance*. São Paulo: Nankin, p. 109-136.

[14] Osman Lins foi obrigado a trabalhar como bancário para poder produzir como escritor, sentindo-se contrariado em seu projeto de vida por uma sociedade que se voltou para o consumo.

auréola negra que os assinala como próximos da morte (também designada como o "acompanhante oculto"), principalmente quando ela se torna, para eles, signo de distinção do ambiente turístico efêmero e consumista, de luzes de néon de um hotel no Espírito Santo, onde o culto ao consumo parece haver definitivamente substituído as tradições culturais antigas, inclusive a da própria passagem pascal. A morte das civilizações contrasta-se então às mortes cotidianas de uma cultura de consumo e de desperdício.

Em *Domingo de Páscoa*, a auréola parece aludir a um sentido "mortífero" com a perda da qualidade aurática da arte, sentido coincidente à perda da memória cultural de um povo, constantemente ameaçado pelo esquecimento. Por isso, a auréola é negra. Mas há uma indicação da proximidade da morte como acaso propiciador de um renascimento, o que se dá como uma desproteção de si mesma: daí ser vigilante enquanto esperada, fazendo-se a sua negritude visível, a sua morte evidente. Ironicamente, Osman Lins não tinha ainda consciência de sua própria morte próxima, como testemunha Julieta de Godoy Ladeira.[15] Quanto à *auréola* de seu texto, ao desaparecer, como na perda da *aura*, se torna casual e padronizadora: ela vem para todos, como a indesejada das gentes de Manuel Bandeira. Na narrativa, os dois sentidos distintos da auréola visível e invisível se cruzam, e podem ser decifrados nos vários pontos simbólicos de entrecruzamento da morte com a vida, a efemeridade consumista confrontando-se à tradição artística, como se o próprio acaso as tecesse, ao propiciar vários momentos perigosos em que a arte se aproxima do padrão consumidor, momentos de confronto dos quais, como tudo o mais, a obra de arte não escapa. Em outras palavras, as interferências da morte produzem o enredo, seja pelo

---

[15] Julieta de Godoy Ladeira. Introdução a *Domingo de Páscoa*. In: *A South American Trilogy*. Luis Ramos Garcia (org.). Texas: University of Texas, 1982.

apagamento temporário ou terminal da memória, ambos funcionando como cortes produtores de uma série simbólica na relação entre arte, cultura e morte, no fim da modernidade.

Há um famoso poema em prosa de Baudelaire, *Perte d'auréole* "Perda da auréola",[16] sobre a perda sofrida pelo poeta da sua auréola quando, ao atravessar a rua, deixou-a cair, e pensou que não valeria a pena resgatá-la, já que teria agora a vantagem de poder sair *incógnito*, simples mortal. Como um conhecido o aconselhasse a reclamar por ela às autoridades, ele lhe responde que assim está melhor, que ninguém além dele o havia reconhecido, e que agora poderia rir de "algum mau poeta" que pudesse recolhê-la e "adornar-se com ela".

O significado da *auréola* de Baudelaire aproxima-se do da *aura* de que fala Benjamin, referindo-se à perda da unicidade e à originalidade da obra de arte como reproduzível.[17] Aproxima-se também do poema de Bandeira "Nova poética"[18] que, como "Perda da auréola", também narra uma ocorrência urbana e circunstancial: ao atravessar a rua, o terno branco de linho do poeta se mancha da lama jogada por um veículo em movimento. Para ele, esta mancha passa a significar a vida. Ambos os poemas aludem à poesia como arte marcada pela circunstância. As respectivas marcas, tanto a de ausência da sacralidade antiga, como a da presença da sujeira do cotidiano, nos poemas, torna-os objetos comuns, vulneráveis, sofrendo da "ameaça da aura através da experiência do choque", como o próprio Benjamin comenta a respeito do poema de Baudelaire, o que obriga os

[16] Baudelaire, C. (1954). Perte d'auréole. In: *Spleen de Paris. Oeuvres complètes de Baudelaire.* Paris: Bibliothèque de La Pleiade, Editions Gallimard, p. 351.

[17] Benjamin, W. (1994). A arte na era da reprodutibilidade técnica. In: *Magia e técnica, arte e política, ensaios sobre literatura e história da cultura – Obras escolhidas I.* São Paulo: Brasiliense.

[18] Bandeira, Manuel (1958). Nova poética (1949). In: *Poesia e prosa de Bandeira.* v. 1. Rio de Janeiro: Aguilar, p. 363.

poetas a "vender sua pessoa no mercado", a exibição da aura, virando daí em diante "um assunto de poetas de quinta categoria".[19] Sendo reproduzível, a obra de arte, como o poema, perde a qualidade *aurática* eterna que os caracterizava, podendo ser copiados e pertencer a todos, e, sendo esvaziados de sentido, o sinal de distinção "sagrado" que assinalava passa a ser ordinário, profano, efêmero, consumível.

Evidentemente, há na narrativa osmaniana uma aproximação religiosa com o ritual cristão da Páscoa. Sendo assim, porém, a auréola dos santos cristãos também parece se esvaziar de sentido ou apagar-se literalmente de sua luminosidade, dando lugar à morte mesma do sentido simbólico-religioso do sagrado. Com isso, lembrando "Conto barroco ou unidade tripartita"[20] na alternativa dos cortes narrativos que, qual buracos profanos causados por tiros, furos, ausências de sentido, esquecimentos enfim, não significam e nem funcionam como outra coisa senão como mortes da memória. Ao contrário da sacralidade cristã, uma iluminação profana parece dotar certos fragmentos desta narrativa de outro tipo de luminosidade que já não é a natural.

Enquanto cada representação da morte de Cristo pode ser apresentada como única, ela evoca tantas outras apresentações textuais, teatrais e cinematográficas de um ritual continuamente reencenado e refuncionalizado através dos meios de produção ocidentais. Como o drama de morte e ressurreição deste Cristo, o do judeu russo da narrativa de Lins o reatualizaria não só como gesto – um ritual público da morte que vai sendo substituído por uma morte clandestina em que o cadáver é retirado sem que os

---

[19] *Apud* Buck-Morss, S. (2002). *Dialética do olhar: Walter Benjamin e o projeto das passagens.* Ana Luiza Andrade (trad.). Belo Horizonte/EDUFMG e Santa Catarina/ARGOS, p. 236.

[20] Lins, O. (1966). Conto barroco ou unidade tripartita. In: *Nove, novena, narrativas.* São Paulo: Martins, p. 139.

hóspedes possam vê-lo – o que proporciona, como nos filmes de Philippe Garrel observados por Deleuze,[21] uma liturgia de corpos, ao devolver-lhes uma cerimônia secreta em cenário moderno. O cristo de Osman Lins seria, entretanto, sacrificado em prol de uma truculência disneilândica que se inicia nos tempos da guerra fria. Ao acabar, de fato, morrendo na confusão caótica gerada na piscina do hotel, por puro acaso, aquele judeu russo seria hoje mais uma vítima da violência étnica discriminatória que se substitui pelo tratamento do mundo ocidental destinado aos muçulmanos. Conseqüentemente, isto também se apaga: as outras guerras geradas no passado por motivos econômicos apontam para as próximas, como a última, contra o Iraque.

Em "Um ponto no círculo"[22] como em *Domingo de Páscoa*, a cinematografia exerce um papel fundamental, já que o ponto de vista narrativo se assemelha ao da câmera, ao mostrar gestos antigos em contraste a modernos: em "Um ponto no círculo", se um olho mecânico atua qual câmera de cinema mudo, inventariando o entorno, flutuando no espaço ao descrevê-lo em seus pormenores; o olho nu restabelece suas conexões estéticas físicas, ele sente como artista. O olho mecânico dá conta de uma perspectiva atual, de uma memória voluntária, o nu percebe e reconstrói através de uma memória involuntária.

Contrariamente ao sentido histórico linear e repetitivo do tempo passado-presente-futuro, Osman Lins parte da moldura narrativa atual, o meio de produção cinematográfico ele mesmo como gesto que se substitui ao meio de produção literário, ainda que em forma de um inconsciente ótico,[23] ou como a tela do

[21] Deleuze, G. (2005). Cinema,corpo e cérebro, pensamento. In: *A imagem-tempo. Cinema II*. São Paulo: Brasiliense, p. 238.

[22] Lins, O., Um ponto no círculo, *op. cit.*, p. 21.

[23] O trabalho de Krauss, Rosalind (1994), *The optical unconscious*, London/Mass.: The MIT Press, vai elucidar esta perspectiva do inconsciente ótico.

cinema que funcione qual prótese moderna e perceptiva de um olhar mecânico.[24] Em "Um ponto no círculo", a mulher, na percepção do homem, passa a ser vista de acordo com uma divisão que corresponde a um *gestus* social em vias de se perder: "a dos cabelos presos, visível para o mundo; a dos cabelos desatados, cujo ondear imitava o dos ombros e as pregas da folgada camisa de dormir. Suas cabeleiras eram segredos revelados apenas a um homem".[25] Este gesto de soltar os cabelos, ao coincidir com o gesto do *kairòs* do próprio escritor, de apreender o momento com as mãos, reunindo seus fios, enfeixando-os em um só instante-gesto; ou, ao historicizá-lo, no contraste entre um sabor dos tempos de erotismo de publicidade, e o que o olho mecânico capta, tão somente para lembrar suas origens orgânicas e artesanais. Ao exemplificar o *gestus* de um diretor de cinema, Gilles Deleuze reconhece em Brecht a criação da noção de *gestus*, fazendo dela a essência do teatro:

> Irredutível à intriga ou ao "assunto": para ele o *gestus* deve ser social, embora reconheça que haja outras espécies de *gestus*. O que chamamos *gestus* em geral é o vínculo ou o enlace das atitudes entre si, a coordenação de umas com as outras, mas isso só na medida em que não depende de uma história prévia, de uma intriga preexistente ou uma imagem-ação. Pelo contrário, o *gestus* é o desenvolvimento das atitudes nelas próprias, e, nessa qualidade, efetua uma teatralização direta dos corpos, frequentemente bem discreta, já que se faz independentemente de qualquer papel.[26]

[24] Buck-Mors, S. (1994). The cinema screen as prosthesis of perception: a historical account. In: *The senses still*. Nadia Seremetakis (org.). Chicago: The University of Chicago Press.

[25] Lins, O. (1966). *Nove, novena, narrativas*. São Paulo: Martins, p. 23.

[26] Deleuze, G. (2005). *A imagem-tempo. Cinema II*. São Paulo: Brasiliense, p. 231.

Para Deleuze não existe mais diferença entre a psicologia da imagem como realidade psíquica e o movimento como realidade física, o que coincide com o gesto textual osmaniano. Mas Giorgio Agamben[27] aproxima a idéia do *gestus* através da leitura benjaminiana de Brecht, coincidente à do escritor. E se de um lado, esse tempo-movimento da câmera nele é refuncionalizado, de outro, destaca, no gesto, a passagem entre a obsessão de uma sociedade que perde seus gestos ao vê-los substituídos por uma interioridade consignada à psicologia, ao cinema mudo. E se, como já havia observado Freud em seus *Delírios* sobre Hanold, coincidentemente ao músico de "Um ponto no círculo", *ele está, ou eles estão, no mesmo local e na mesma época que as jovens que procuram.*[28] Mas foi preciso que o gesto novo tomasse vida através do velho, para que fizesse sentido. De modo que, em *Domingo de Páscoa,* o Cristo que morre poderia ser reencenado por cristos desconhecidos cotidianamente; ele ressurge em mortes clandestinas prenunciadoras das mortes em série dos campos de concentração. Assim também, soltar os cabelos, gesto erótico antigo, auto-referência simbólica, de onde os gestos corpóreos voltam à vida por cada um de seus fios, das palavras do texto ao cinema de Osman Lins, é, para dizer brevemente, como outros gestos em transformação, meio de proliferação sem fim.

[27] Agamben, G. (1996). *Mezzi senza fine. Note sulla política.* Torino: Bollati Boringhieri.

[28] A citação em itálico é uma paráfrase da de Freud, também em itálico: "*ele está no mesmo local e na mesma época que a jovem que procura*" (Freud. Delírios e sonhos na *Gradiva* de Jensen, *op. cit.*, p. 58).

Fantasia, desejo e pulsão: psicanálise e literatura

Sérgio Scotti

Na relação entre psicanálise e literatura podemos encontrar diferentes modos pelos quais pulsão, desejo e fantasia se articulam. Lacan, na abertura de seus *Escritos*, já aponta ser "o objeto que responde à pergunta sobre o estilo que formulamos logo de saída. A esse lugar que, para Buffon, era marcado pelo homem, chamamos de queda desse objeto...".[1]

Em um Flaubert, vamos encontrar um estilo no qual o olhar cai como objeto que sustenta a fantasia e o desejo. No primeiro capítulo da terceira parte do seu livro homônimo, Flaubert descreve o encontro de Madame Bovary com aquele que será seu segundo amante, Léon, na catedral de Rouen. Léon consegue um fiacre que os levará por um passeio vertiginoso através das ruas da cidade:

> – Aonde o senhor deseja ir? Perguntou o cocheiro.
>
> – Onde você quiser! Disse Léon empurrando Emma para dentro da carruagem.
>
> E a pesada máquina pôs-se a caminho.
>
> Desceu a rua Grand-Pont, atravessou a praça des Arts, o cais Napoléon, a Pont Neuf e deteve-se de repente diante da estátua de Pierre Corneille.

[1] Lacan, J. (1998) Abertura desta coletânea (1951) In: *Escritos*. Rio de Janeiro: Jorge Zahar.

– Continue! Disse uma voz que saía do interior. O carro partiu novamente e, deixando-se levar pelo declive a partir da encruzilhada La Fayette, entrou a galope pela estação da estrada de ferro.

– Não, em frente! Gritou a mesma voz.

O fiacre saiu do portão gradeado e, tendo em breve chegado à alameda, foi trotando suavemente no meio dos grandes olmos. O cocheiro enxugou a testa, pôs o chapéu de couro entre as pernas e dirigiu a carruagem para fora das alamedas laterais, à beira d'água, perto da relva.

Ela foi andando ao longo do rio, no caminho de sirga recoberto de calhaus ásperos e por muito tempo pelos lados de Oyssel, mais além das ilhas.

Porém, repentinamente, lançou-se com um salto através de Quatremares, Soteville, a Grande-Chaussée, a rua d'Elbeuf e parou pela terceira vez diante do Jardin des Plantes.

– Vá em frente! Exclamou a voz com ainda maior fúria.

E retomando logo sua corrida, ela passou por Saint Sever, pelo cais dos Curandiers, pelo cais dos Meules, mais uma vez pela ponte, pela praça do Champs-de-Mars e atrás dos jardins do hospital, onde alguns velhos de casaco preto passeavam ao sol ao longo de um terraço coberto por heras verdes. Subiu novamente o bulevar Bouvreuil, percorreu o bulevar Cauchoise, em seguida todo o Mont-Riboudet até a encosta de Deville. Voltou; e então, sem direção nem destino, ela vagabundeou ao acaso. Foi vista em Saint-Pol, em Lescure, no monte Gargan, na Rouge-Mare e na praça do Gillard-bois; na rua Maladrerie, na rua Dinanderie, diante de Saint-Romain, Saint-Vivien, Saint-Maclou, Saint-Nicaise, – diante da Alfândega, – na Basse-Vieille – Tour, na Trois-Pipes e no cemitério monumental. De tempos em tempos, o cocheiro, em seu assento, lançava olhares desesperados às tabernas. Não compreendia que furor de locomoção levava tais indivíduos a não quererem deter-se. Procurava fazê-lo, algumas vezes, e logo ouvia atrás de si exclamações de cólera. Então fustigava ainda mais seus dois matungos cobertos de suor, mas sem preocupar-se com os solavancos, esbarrando ora aqui ora acolá, sem se preocupar, arrasado e quase chorando de sede, de cansaço e de tristeza.

> E no porto, em meio aos carroções e aos barris, e nas ruas, nos marcos das encruzilhadas, os burgueses esbugalhavam os olhos assombrados diante daquela coisa tão extraordinária na província, uma carruagem com os estores fechados e que aparecia assim continuamente, mais fechada do que um túmulo e sacudida como um navio.[2]

Neste trecho e em muitos outros da obra de Flaubert, encontramos um estilo que nos lembra, fazendo um paralelo com o sonho, a alusão, efeito do deslocamento, da metonímia que transfere, através da produção de uma metáfora, a significação do ato sexual para a descrição da carruagem fechada como um túmulo e sacudida como um navio.

E por que a metáfora? Porque Flaubert nos fala de seu fantasma, da cena primária[3] em que os pais copulam diante do espectador que a descreve para nós, copulam diante de nós, para nosso deleite, seduzidos pela bela forma em que a cena nos é apresentada e que, ao mesmo tempo, nos protege de nos reconhecermos nesta cena da qual fazemos parte, nem que seja como excluídos e, por isso mesmo, desejando dela participar. E é o autor do texto que nos dá essa oportunidade de satisfazermos o desejo, de gozarmos na fantasia em que a pulsão encontra seu objeto, o olhar, ver e ser visto, pois olhando, identificamo-nos, ao mesmo tempo, com os personagens que observamos em seu passeio lúbrico.

No estilo de um Joyce, diferentemente, o objeto que cai, a voz, não tem uma relação com a fantasia que, por sua vez, não sustenta o desejo do leitor. Ao invés de uma metaforização, como em Flaubert, Joyce promove no deslizamento metonímico de sua

---

[2] Flaubert, G. (1993). *Madame Bovary* (1857). São Paulo: Nova Alexandria, p. 260-262.

[3] Freud, S. (1973). Lecciones introductorias al psicoanalisis, parte III, Vías de formación de síntomas (1917). In: *Obras completas de Sigmund Freud*. 3. ed., v. 2. Madrid: Biblioteca Nueva.

escritura, um gozo que pode ser apreendido pela sua leitura em voz alta como sugere Lacan.[4] Pois em Joyce não se trata de metaforizar, já que lhe falta o Nome-do-pai como operador simbólico, e sim de uma suplência através de um *savoir-faire* com a linguagem que nos remete à *lalangue* (alíngua).[5]

Joyce constrói a si mesmo como um nome próprio em sua escrita e se perpetua no Outro através de seus enigmas, na verdade, de uma escrita enigmática onde a matéria prima – diferentemente de Flaubert, que de um significante a outro significante produz significações nas quais ressoam as imagens da fantasia – é a letra que opera no escrito de Joyce, por meio da qual se produz um gozo que não é o do sentido, mas daquilo que na linguagem toca o Real.

A dimensão Real da linguagem, através do uso que Joyce faz da letra, é o que produz um gozo no qual não se é mais submetido às regras da linguagem comum, permitindo a Joyce e a seu leitor uma relação direta e gozosa com a voz, o objeto que fica subsumido na linguagem comum quando nos atemos às leis simbólicas – poderíamos dizer, a dimensão metafórica da linguagem.

Na escrita joyceana, as ligações estabelecidas entre as palavras já não obedecem mais às regras que buscam o sentido ou a metaforização e, portanto, não se trata de significantes, trata-se sim de uma articulação que obedece fundamentalmente ao princípio metonímico da associação por contigüidade na qual são determinantes a assonância e a homofonia. Daí destaca-se não o sentido, mas justamente a materialidade do suporte do significante, ou seja, a letra. Da letra para a voz é o movimento que realiza

[4] Lacan, J. (2007). O Seminário, Livro 23, *O Sinthoma* (1975-1976). Rio de Janeiro: Jorge Zahar.

[5] Lacan, J. (1985). O Seminário, Livro 20, *Mais ainda* (1972-1973). Rio de Janeiro: Jorge Zahar.

Joyce quando, ao associar as palavras, o faz de uma forma tal que se produz algo da ordem da *alíngua*.

É interessante observar, como faz Lacan,[6] que o escrito de Joyce, especialmente em *Finnegans Wake*,[7] não produz no leitor uma empatia, uma identificação. Poderíamos acrescentar, não produz uma identificação do leitor neurótico. Como já destacava Freud,[8] a *ars poetica* do escritor consiste na sua capacidade de seduzir esteticamente o leitor. Ao mitigar, modificar, ocultar artisticamente seus motivos egoístas, o escritor proporciona ao leitor uma espécie de prazer preliminar através do qual ele pode gozar das mesmas satisfações. Dizendo de outro modo, escritor e leitor compartilham dos mesmos fantasmas nos quais vão encontrar a satisfação de seus desejos, daí a identificação. Satisfação que, é sempre bom lembrar, por ser fantasmática, não resolve o desejo, postergando-o para um outro texto.

Contudo, leitor e escritor encontram aí uma satisfação, mesmo que temporária, através da fantasia. E para haver fantasia é preciso que se produzam imagens, ou seja, significações produtoras de imagens.

Como sabemos, a significação/sentido é construída pela articulação significante. Articulação significante que por meio do encadeamento metonímico produz, por sua vez, metáforas das cenas fantasmáticas, onde o desejo encontra seu objeto, onde, poderíamos dizer, o desejo produz o objeto com o qual o próprio sujeito se identifica. No caso de Flaubert, é o olhar que se destaca como objeto da pulsão em sua escrita, permitindo o gozo e a identificação entre leitor e escritor.

---

[6] Lacan, J., O Seminário, Livro 23, *O Sinthoma, op. cit.*

[7] Joyce, James (1999). *Finnegans Wake/ Finnicius Revém.* Livro I (1939). Versão de Donaldo Schüler. Porto Alegre: Ateliê Editorial.

[8] Freud, S. (1973). El poeta y los sueños diurnos (1908). In *Obras completas de Sigmund Freud.* 3. ed., v. 2. Madrid: Biblioteca Nueva.

No entanto, para o leitor de Joyce não ressoa em sua escrita o fantasma do neurótico. A escrita de Joyce não produz metáforas e, portanto, também não há produção de sentido. Trata-se de uma escrita enigmática na qual o sentido é sempre fugidio e indeterminável, pois que não se encontra a consistência imaginária dada pelo fantasma do qual a escritura seria a metáfora.

Pelo efeito do recalque, como resultado da operação da metáfora paterna, o fantasma se constitui como forma de dar sustentação ao desejo, em que o sujeito se relaciona com o objeto ao qual se identifica. Na leitura de Flaubert, a identificação se produz e o gozo é possível por um reencontro com o objeto da pulsão que está implicado em sua escrita, ou seja, o olhar.

Já na leitura de Joyce, o efeito não é de identificação, de empatia, mas de estranhamento. O leitor de Joyce não encontra em sua escrita o espelho em que ele pode se reencontrar com seu objeto. Não é uma escrita que produza imagens pelo efeito da metaforização do fantasma, pois não há fantasma implicado nessa escrita.

Se, como supõe Lacan,[9] há uma carência de pai em Joyce, se há uma forclusão do Nome do Pai, conseqüentemente, em termos estruturais, não deveríamos esperar a construção de um fantasma. E o que retorna não é o que no simbólico poderíamos encontrar em sua escrita enquanto desejo recalcado produzindo substitutos metafóricos. O que vamos encontrar em Joyce é o retorno, no Real, da voz. A voz de John Stanislaus, pai de Joyce, que tronituava nos trovões que tanto o assustavam.[10]

Contudo, Joyce com sua arte fez algo diferente com essa voz, ele a transformou numa escrita que lhe permitiu construir

---

[9] Lacan, J., O Seminário, Livro 23, *O Sinthoma, op. cit.*

[10] Laia, Sérgio (2001). *Os escritos fora de si – Joyce, Lacan e a loucura.* Belo Horizonte: Autêntica/FUMEC.

um nome próprio, uma suplência à falta do Nome do Pai. Uma escrita que foi nomeada por Lacan[11] como *sinthoma*. Uma forma de escrita através da qual o ego de Joyce encontra uma consistência imaginária, referenciada no nome do autor Joyce.

Mas encontramos também na escrita de Joyce uma forma de gozo. Um gozo que, como já pontuamos, não decorre do reencontro com o objeto do fantasma. Trata-se de um gozo que não escapou a Lacan quando este sugeriu a leitura de *Finnegans Wake* em voz alta. O estranhamento provocado pela leitura de Joyce, que não nos remete a qualquer sentido ou a qualquer fantasmática, se dispersa e provoca um certo gozo que é possível através da leitura em voz alta. Aí parece estar implicado o que Lacan[12] chama de *alíngua*.

Mais do que podemos pensar, estamos todos sujeitos às regras da língua e mais amplamente à linguagem. É a partir dela e de todas as formas discursivas nela apoiadas que o propriamente humano se caracteriza como tal. Mas, ao mesmo tempo, a linguagem também é aquilo que nos aparta da completude, pois ao demandar através dela, a diferença entre o que se recebe e o que se espera é irredutível.

Além dessa dimensão, por assim dizer, "instrumental" da linguagem, há uma outra dimensão que também se perde nela que é a dimensão gozosa da *alíngua*. O ronronar da linguagem da mãe e do bebê ou aquela dos amantes que muitas vezes se aproxima da primeira, revelam um uso da linguagem que, para além da comunicação, busca, através das brincadeiras que, por exemplo, as crianças fazem com a língua, um certo domínio sobre ela, alterando seu uso normal ou corriqueiro por meio de neologismos, trocadilhos, jogos homofônicos que permitem ao

[11] Idem.

[12] Lacan, J., O Seminário, Livro 20, *Mais ainda, op. cit.*

sujeito liberar-se dos constrangimentos impostos pela gramática e regras sintáticas.

A leitura da escritura de Joyce, especialmente em *Finnegans Wake*, nos permite entrar em contato com essa dimensão da *alíngua* que, se nos parece estranha, ao mesmo tempo nos coloca a possibilidade de experimentar a linguagem na sua dimensão Real; ou seja, na dimensão da letra que por sua vez, como dissemos no começo, nos remete à voz, objeto da pulsão.

Cabe aqui nos questionarmos a respeito do estatuto da voz como objeto da pulsão. Apesar da sugestão de Lacan de que se leia Joyce em voz alta, não se trata aqui da qualidade vocal ou sonora da voz, nem de suas qualidades fonéticas. A voz, objeto da pulsão, está circunscrita ao campo do Outro, enquanto objeto que, tal como o seio, as fezes e o olhar, constitui-se numa relação com o Outro.[13] O Outro da linguagem, ou Outro materno, é aquele que coloca o sujeito diante da questão do desejo do Outro. A essa questão de o que o Outro deseja, o sujeito responde com aqueles objetos. Objetos extremamente valorizados na medida em que podem faltar ao Outro e que podem, portanto, servir de suporte à identificação do sujeito.

Como sabemos, é na fantasia que o sujeito se coloca como objeto que satisfaz o suposto desejo do Outro. Mas se no caso de Joyce falta o fantasma que articula o sujeito ao objeto, como se configura a relação com o objeto voz e como pode o leitor neurótico de Joyce se reencontrar com esse objeto, mesmo que numa relação de estranhamento?

É interessante observar então que, se é no simbólico que falta o operador Nome do Pai em Joyce, é no simbólico mesmo, por meio da escrita, que ele vai encontrar uma forma de suplência a esse pai. Por um saber fazer com a escrita, Joyce,

[13] Lacan, J. (1990). O Seminário, Livro 11, *Os quatro conceitos fundamentais da psicanálise* (1964). Rio de Janeiro: Jorge Zahar.

utilizando-se de uma maneira particular do simbólico, da linguagem – que nos remete à "palavra-coisa" de Freud[14] – extrai dela a dimensão Real por meio de uma escrita que utiliza a letra, naquilo que ela serve de suporte, para não somente fazer surgir a voz, mas para domá-la em proveito próprio.[15]

Por outro lado, o leitor de Joyce encontra no próprio estranhamento que ele provoca – pois ele exige uma participação diferente dele[16] – a oportunidade de partilhar de um gozo numa leitura que acaba por impor a dimensão do Real da palavra, ou seja, a dimensão da voz.

A voz se coloca, então, como o objeto com o qual o leitor de Joyce pode ir além de uma leitura padrão, metafórica, diríamos, e partilhar de um gozo no qual, liberado dos constrangimentos da gramática e da sintaxe, pode brincar com as palavras tal qual a criança com a *alíngua*; em que, lembrando o *fort-da* de Freud,[17] não somos mais apenas assujeitados à linguagem, mas podemos fazer alguma coisa com ela, tornarmo-nos sujeitos de uma linguagem que nos domina sem sabermos. Claro, não deixaremos a condição de *fala-ser* com a característica de uma *falta-a-ser* irremediável; mas, pelo menos, poderemos nos divertir um pouco com isso.

Em Joyce, o objeto que cai a partir de sua escrita e determina seu estilo é a voz. Ao invés das personagens parentais de Flaubert que copulam diante de nós, em Joyce são os próprios significantes que copulam, juntam-se, amalgamam-se, misturam-se, provocando um gozo que é potencializado pela leitura em voz alta de *Finnegans Wake*, o Velório de Finnegan, como sugere Lacan:

[14] Freud, S. (1973). La interpretación de los sueños (1900). In: *Obras completas de Sigmund Freud.* 3. ed., v. 1. Madrid: Biblioteca Nueva.

[15] Laia, Sérgio, *op. cit.*

[16] Idem.

[17] Freud, S. (1973) Mas alla del principio del placer (1920). In *Obras completas de Sigmund Freud.* 3. ed., v. 3. Madrid: Biblioteca Nueva.

> Par tido? Eu o teria dito! Macool, Macool, porra, por quiski, ocê murreu?
> Foi de sede em terça merdinha? Chopes aos choupos no do Finnado
> veludo velório, estrelas de tod anação, a prostração na
> consternação e a duodizimamente profusiva plethora de
> ululação. Havia à porfia pedreiros, casados, delgados, violeiros,
> marinheiros, cinemen, de tudo. E todos giravam na mais alto-
> falante showialidade. Agogue e magogue rodeavam o grogue.
> Para a continuação da celebração até à de Gengiscão
> exterminação! Alguns no tam-tam do tamborim, e mais, cancan no pranto.
> Pra cima no batuque pra baixo no muque. Tá duro, mas soberbo,
> O Priapo d'Olin da! Se houve cabra alegre no tablado, era o Finnado. Afila
> Em cone a pipa de pedra, que pingue cevada!Adonde neste bosta y mundo
> Escuitarás loisa igual? Ir de pros fundos e dar desta à
> fé deles? Acomodaram o salmão em seu derradeiro leito. Com um abocálipse
> de finisky aos pés. E uma genesíaca barrica da loiraespumante à cabeça.
> Te que o tutal do fluido flua no duotal do fluminado, Ué![18]

A escrita enigmática de Joyce não remete seu leitor à fantasia, ao imaginário, pois, ao invés da metaforização, o que ele produz é uma espécie de estranhamento diante do Real que surge quando, ao alterar metonimicamente a alternância significante em cujos espaços ou intervalos o sujeito poderia surgir, o que surge é o objeto, a voz.

Conforme a citação de Lacan[19] na abertura de seus *Escritos* e que também abre o primeiro parágrafo deste escrito, complementamos aqui aquela citação, "...queda desse objeto, reveladora por isolá-lo, ao mesmo tempo, como causa do desejo em que o sujeito se eclipsa e como suporte do sujeito entre verdade e saber".

---

[18] Joyce, James, *op. cit.*, p. 37

[19] Lacan, J., *Escritos, op. cit.*

Em Joyce, no estilo de Joyce, o sujeito se eclipsa numa articulação metonímica por contigüidade, em que através da homofonia e assonância, na qual os intervalos significantes ficam alterados e o sujeito não pode mais se situar, pois, como sabemos com Lacan,[20] o sujeito é o que um significante representa para outro significante. Na escrita de Joyce, portanto, o sujeito se eclipsa pela queda do objeto voz, que é isolado, revelado por um *savoir-faire* com a *alíngua*. O que nos revela também e nos permite, ao mesmo tempo, para além do estranhamento, compartir de um gozo entre verdade e saber.

[20] Jacques Lacan. O Seminário, Livro 20, *Mais ainda, op. cit.*

Da escrita e do ato: tramas em Borges[1]

Rosi Isabel Bergamaschi

Ato um

> Borges aproximou-se demais da luz e, aparentemente, recusou-se a tocá-la. Virou os olhos para o outro lado e nesse movimento conquistou o definitivo espaço dos mestres. Ele nos conduz pela mão e, na beira do abismo, desaparece.[2]

A "literatura é uma acomodação dos restos",[3] escreve Lacan em seu texto *Lituraterra*, assinalando certo lugar para esta forma de escrita, salientando a importância dos restos, fagulhas, resíduos que nos põem a trabalhar – ou nos paralisam – nas mais diversas formas de ofício. Esses restos são marcados desde o princípio, desde a primeira marca, a primeira inscrição referente a uma cena inaugural a partir da qual letras imprimem no outro uma escrita, como num bloco mágico[4] em que, com um pequeno movimento,

---

[1] Este texto foi elaborado a partir de minha dissertação de mestrado em psicologia – *Escrita: morte-origem em psicanálise*, UFSC, 2006. Diz, também, de discussões e elaborações feitas junto ao Grupo de Trabalho Escrita e Psicanálise (NEP/UFSC).

[2] Duclós, Nei (2001). Orelha do livro. In: Jorge Luis Borges. *Elogio da sombra*. São Paulo: Globo.

[3] Lacan, J. (2003). Lituraterra. In: *Outros escritos*. Rio de Janeiro: Jorge Zahar, p. 16.

[4] Faço referência ao exemplo dado por Freud sobre o bloco mágico, Freud, S. (1996). Uma nota sobre o "Bloco Mágico" (1924-25). In: *Edição standard das obras completas de Sigmund Freud*. v. XIX. Rio de Janeiro: Imago.

o escrito torna-se rasurado, ilegível. Ilegível, porém, marcado, tanto da parte do escritor – do Outro que transmite o desejo –, quanto daquele que, portando essa escrita, não consegue ler de todo. Esta escrita torna-se parte de si, escrita "por aquilo que só toma corpo por ser o vestígio de um nada".[5] Dela o sujeito sabe, porém,

> um saber que não comporta o menor conhecimento, já que está inscrito num discurso do qual, à semelhança do grilhão de antigo uso, o sujeito que traz sob sua cabeleira o codicilo que o condena à morte não sabe nem o sentido nem o texto, nem em que língua ele está escrito, nem tampouco que foi tatuado em sua cabeça raspada enquanto ele dormia. (...) como os elementos de uma heráldica, de um brasão do corpo.[6]

No entanto, como pensar esta escrita? Este ato escrevinhador[7] que insiste na tentativa de imprimir algo que escapa? Poderíamos pensar que a escrita é uma forma de tirar de si o que de alguma maneira faz pressão e necessita, então, marcar a folha-corpo e ali ficar impresso o que dos restos transborda no corpo-texto?

Borges, ao apresentar seu livro *Os conjurados* – apresentação intitulada *Inscrição* –, nos traz a escrita como um fator ativo, um elemento constitutivo que escreve o próprio sujeito:

> Escrever um poema é ensaiar uma espécie de magia menor. O instrumento dessa magia, a linguagem, é bastante misterioso. Nada sabemos

---

[5] Lacan, J. (1998). Função e campo da fala e da linguagem. In: *Escritos*. Rio de Janeiro: Jorge Zahar, p. 277.

[6] Lacan, J. (1998). Subversão do sujeito e dialética do desejo no inconsciente freudiano. In: *Escritos*. Rio de Janeiro: Jorge Zahar, p. 818.

[7] Utilizo escrevinhador tanto no sentido dado pelo dicionário Aurélio que é: escrevinhadeiro, escrevedor, escriba, rabiscador, borrador, como também naquilo que o poeta Manoel de Barros diz ao se referir ter deixado de trabalhar a terra com a enxada para ser um fraseador – um escrevinhador –, para trabalhar com as letras. Ver: Barros, Manuel de (2006). A infância. In: *Memórias inventadas: a segunda infância*. São Paulo: Ed. Planeta do Brasil.

> de sua origem. Só sabemos que se ramifica em idiomas e que cada um deles consta de um indefinido e cambiante vocabulário, e de um número indefinido de possibilidades sintáticas. Com esses inacessíveis elementos compus este livro.[8]

Borges ajuda a construir elementos que dão suporte, sustentam e servem de cunhagem para o que formulo. Sua reflexão sobre a escrita diz de algo que produz, inscreve, que aponta para uma escritura – escritura no sentido do estabelecimento de um lugar de enunciação do sujeito. O próprio Borges atesta: "eu vivo, deixo-me viver, para que Borges possa tramar sua literatura e essa literatura me justifica".[9] E continua: "além disso, eu estou destinado a perder-me, definitivamente, e só algum instante de mim poderá sobreviver no outro (...). Assim minha vida é uma fuga e tudo eu perco e tudo é o esquecimento, ou do outro".[10]

E tudo é esquecimento, ou do Outro: aquilo que somos, mas não temos como reconhecer, mesmo que diga de nós, não temos como saber desta fronteira entre o sujeito e o Outro, apenas saber dele, da existência indelével do Outro que nos habita e ao mesmo tempo se retira, se ausenta, deixando apenas rastros e vestígios que nos acompanham e dão rumo a nossos atos.

Pode-se dizer que a escrita escreve o sujeito que escreve,[11] não uma escrita que somente porta um enunciado, mas aquela

---

[8] Borges, J. L. (1998). Os conjurados. In: *Obras completas de Jorge Luis Borges*. v. III. São Paulo: Globo, p. 511.

[9] Idem.

[10] Borges, J. L. (1998). O fazedor. In: *Obras completas de Jorge Luis Borges*. v. II. São Paulo: Globo, p. 206.

[11] Esta questão é discutida pela psicanalista Ana Maria Medeiros da Costa em seu seminário *Clinicando*, em 20 de março de 2004, na Associação Psicanalítica de Porto Alegre, quando diz: "os escritores estão no que escrevem. Os escritores se escrevem quando escrevem". Transcrição dos Seminários feita por Mariana De Bastiani Lange e Rosi Isabel Bergamaschi a partir de gravações realizadas por Otávio Nunes.

por meio da qual a enunciação se faz. Uma enunciação que está para além das palavras escritas, mas aparece, se deixa ver nas palavras que saltam, que se desprendem e, às vezes, como assinala Borges, decepcionam...

> Enquanto eu lia o livro, a famosa biografia,
> Então é isso (eu disse) o que o autor chama a vida de um homem.
> E é assim que alguém vai escrever sobre mim quando eu estiver morto?
> (Como se alguém pudesse saber alguma coisa de minha vida;
> Eu mesmo costumo pensar que pouco ou nada sei de minha verdadeira vida.
> Só alguns traços, alguns sinais desmaiados e indícios
> Que tento, para minha própria informação, resolver aqui).[12]

Borges aponta para isto que o sujeito traz em seu próprio corpo, este não saber sobre si, uma verdade que transita em seu corpo singular, uma verdade "do interior do próprio tempo, *num instante de eternidade*".[13] Instante que diz de um primário,

> o relativo à cena primária, o encontro dessa posição de objeto que marca uma cena como primária – marca a todos nós – que leva à paixão. Paixão e submissão são efeitos desse encontro, e a saída para a posição de atividade se constrói – na maior parte das vezes – na necessidade de precisar produzir uma inscrição. Isso se coloca de duas maneiras: primeiro, na inclinação por contar quantas vezes, de tentar inscrever um traço de contagem lá onde não tem, de tentar inscrever essa experiência numa outra ordem que não só a corporal. Segundo, no relato autobiográfico, na escrita do livro.[14]

---

[12] Borges, J. L. (1998). Discussão. In: *Obras completas de Jorge Luis Borges*. v. I. São Paulo: Globo, p. 220.

[13] Borges, Fábio (2003). Sebastião Salgado: uma aposta em preto e branco. In: *A escrita do analista*. Thais Gontijo; Gilda Vaz Rodrigues; *et al.* (orgs.). Belo Horizonte: Autêntica, p. 31. O grifo é do autor.

[14] Ana Maria Medeiros da Costa. *Seminários Clinicando*. Porto Alegre APPOA. 2003 a 2005. Transcrição dos Seminários feita por Mariana De Bastiani Lange e Rosi Isabel Bergamaschi a partir de gravações realizadas por Otávio Nunes. O livro, fruto deste trabalho, está no prelo.

Podemos, então, pensar nesta escrita que se repete por não ter o sujeito uma saída, a não ser repetir em um ato de escrita, numa tentativa de escrever um traço de contagem e, neste sentido, inserir-se no campo do Outro, paradoxalmente, destacando-se dele. A escrita se faz como conseqüência de uma inscrição que nunca se fecha. Pode-se ainda pensar, com Borges, naquilo que insiste em um ato de *scriptor*: "Eu chego a sentir que sou terra, cansada terra. Sigo, sem dúvida, escrevendo. Que outra sorte me resta, que outra bela sorte me resta? O êxtase de escrever não se mede pelas virtudes ou fraquezas da escritura".[15]

O sujeito, no ato de escrever, aventura-se numa busca incessante de realizar inscrição; uma inscrição na tentativa de "produzir uma mediação plausível, como suporte do lugar do objeto, onde o sujeito possa se representar",[16] apontando para a relação que cada um estabelece com as primeiras experiências, no que diz de uma constituição ligada ao desejo e marcada na carne desde fora pelo Outro – carne transformada em corpo depositário do desejo:

> O privilégio de um desejo que assalta o sujeito não pode cair em desuso senão ao ser cem vezes retomada a curva do labirinto em que o fogo de um encontro imprimiu seu brasão. Sem dúvida, o selo desse encontro, não é apenas uma marca, mas um hieróglifo, e talvez de um texto para outros transferido. Porém, mesmo todas as metáforas não esgotarão seu sentido, que é de não tê-lo, por ser a marca do ferro que a morte imprime na carne, depois que o verbo o desembricou do amor.[17]

[15] Borges, J. L. (1998). Os conjurados. In: *Obras completas de Jorge Luis Borges*. v. III. São Paulo: Globo, p. 513.

[16] Ana Maria Medeiros da Costa, *op. cit.*

[17] Lacan, J. (1998). Juventude de Gide ou a letra e o desejo. In: *Escritos*. Rio de Janeiro: Jorge Zahar, p. 768.

Depois que o verbo o desembricou do amor, a linguagem toma corpo e *imprime*, em um ato de experiência que, podemos dizer, está diretamente ligado ao que "acontece no campo indissociável entre corpo e linguagem".[18] Ato que se faz em um instante, numa fagulha de tempo, de um tempo do agora, do *é*. Ato como acontecimento, deixando atrás de si uma marca que, por ser incorporada pelo sujeito, transforma-se em um traço deste e se reproduz eternamente.

A escrita pode ser tomada como um traço do objeto, em uma relação que o sujeito estabelece com a letra e o que isso diz de uma inscrição do desejo, pois ligar um escrito "a esse problema não nos dispensa de prometer ao leitor (...) um prazer do qual as primeiras páginas do livro o farão cativo (...). Desse prazer, no qual ele ficará como que absorto".[19] Absorto e entregue a essa escrita. O que este leitor de alguma forma busca é a tentativa de apreensão daquilo que na escrita salta como desejo do escritor – um desejo de escrita. O escritor seduz o leitor através de um prazer preliminar – um apelo estético[20] –, apelo este feito pelo estilo do escritor e também por aquilo que em sua obra se repete: "*a repetição*, e reexperiência, de algo idêntico, é claramente em si mesma, uma fonte de prazer".[21]

Seguindo a idéia dessa inscrição da letra e do desejo, sendo que "ao prazer de ler soma-se o desvelamento do processo de escritura",[22] Lacan define que "o estilo é o objeto".[23] Este objeto

---

[18] Kehl, Maria Rita (2004). Três perguntas sobre o corpo torturado. In: Ivete Keil; Márcia Tiburi (orgs.). *O corpo torturado*. Porto Alegre: Escritos Editora, p. 10.

[19] Lacan, J., Juventude de Gide ou a letra e o desejo, *op. cit.*, p. 750.

[20] O apelo estético e o prazer preliminar são trabalhados por Scotti, Sérgio (2005) Psicanálise, desejo e estilo. In: *Psychê*. Ano IX – nº 15, São Paulo, jan-jun, p. 77-92.

[21] Freud, S. (2006). Más allá del principio de placer, *apud* Giovanna Batucci. *Fragilidade absoluta: Ensaios sobre psicanálise e contemporaneidade*. São Paulo: Ed. Planeta do Brasil, p. 203. A tradução é da própria autora.

[22] Josef, Bella (1999). Uma estética da inteligência. *Jornal do Brasil*. Caderno Idéias. Rio de Janeiro, 05 jun 1999, p. 4.

[23] Lacan, J. (1998). *Escritos*. Rio de Janeiro: Jorge Zahar, p. 9.

é o "objeto precioso das origens, o objeto *a,* ao qual o sujeito se agarrava, torna-se um *objeto*, um *objeto sem idéia*, tornando-se o *osso* do ser perdido na carta (letra) escrita, no memorial inconsciente do ser falante".[24] Este objeto toma o sujeito naquilo que permeia a escrita, não só na análise que o conteúdo desta escrita propicia, mas nas marcas – quem sabe, também, em sua carne – que esta escrita reproduz, fazendo experiência.

Esta experiência, vivida por aquele que escreve, em seu ato de escrita, se produz como transmissão no momento de leitura,[25] "não pelo que ele diz, mas pelo poético, pela entonação, pela acentuação de sua linguagem".[26] Não naquilo que poderíamos dizer sobre a vida do escritor, do poeta, e que constasse nesses escritos,

> mas, justamente, a operação que essa mensagem constitui, (...) não convém hesitar em dizê-lo, com todas as falsificações introduzidas nas provisões da experiência, que por vez ou outra incluem a própria carne do escritor. Só importa, com efeito, uma verdade que provenha daquilo que, em seu desvelamento, a mensagem condense. (...) neste traço que se esquece em toda verdade: que ela se revela numa estrutura de ficção.[27]

Esta operação que a mensagem constitui se apresenta na enunciação, enunciação que desvela o sujeito, na qual "o desvelamento não está no que a palavra diz, está no que ela não diz, no que se perde, na falta".[28] Neste sentido é que podemos

---

[24] Chatelard, Daniela S. (2005).. *O conceito de objeto na psicanálise: do fenômeno à escrita*. Brasília: Editora UnB, p. 243.

[25] Aqui vale salientar que esta leitura não acontece em todo instante, nem com todo texto que se lê, mas em uma leitura que se confunde com a escritura, em que o leitor, descosendo o texto, tece um outro texto.

[26] Borges, J. L. (1998). Sete noites. In: *Obras completas de Jorge Luis Borges.* v. III. São Paulo: Globo, p. 232.

[27] Lacan, J., Juventude de Gide ou a letra e o desejo, *op. cit.,* p. 752.

[28] Schüler, D. (1999). Desser para descer (pósfácio). In: Luiz-Olyntho Telles da Silva. *Freud/Lacan: o desvelamento do sujeito.* Porto Alegre: AGE, p. 248-249.

dizer de um efeito operador, de uma posição: "Posição é estilo (...). O estilo, o instrumento com que se grafa, só pode indicar rupturas. Fendas é a única coisa que o estilo sabe criar".[29] Apontando, assim, para o objeto, aquilo em que o sujeito se "agarra", objeto perdido na ilusão de um encontro – um encontro impossível.

Ato Dois

Um desencontro. Lacan, em muitos momentos de seu ensino, aponta para isso quando faz referência ao que não pára de não se escrever. No seminário *Mais, ainda*, faz uma relação entre a escrita e este impossível de se escrever. Diz Lacan: "O *não pára de não se escrever*, em contraposição, é o impossível, tal como o defino pelo que ele não pode, em nenhum caso, escrever-se, e é por aí que designo o que é da relação sexual – a relação sexual não pára de não se escrever".[30] Este *não pára de não se escrever*, este ato que se repete – sem, no entanto, repetir a mesma coisa – e insiste, tentando alcançar algo que é da ordem do inalcançável, do impossível: é justamente o fato de não o alcançarmos que nos garante a vida. Esta repetição permite a permanência de traços da "linhagem" e a possibilidade de que a vida continue, que "um ser continue a se reconhecer enquanto tal".[31]

Na insistência busca-se algo supostamente perdido e que se poderia, de alguma forma, reencontrar. Reencontrar o exato momento de fusão a um suposto objeto, a um resto guardado –

[29] Idem.

[30] Lacan, J. (1985). O Seminário, Livro 20, *Mais, ainda* (1972-1973). Rio de Janeiro: Jorge Zahar, p. 127.

[31] Natália Alves Barbieri. *Temporalidade e permanência: o eu e o outro de Jorge Luis Borges.* Disponível em: http://www.estadosgeraisdapsicanálise.org

"esse resto que chamo de objeto *a*"[32] – que complementaria esta falta. Roland Barthes, em *Fragmentos de um discurso amoroso*, reconhece esta incessante busca: "o gesto do abraço amoroso parece realizar, por um instante, para o sujeito, o sonho de união total com o ser amado".[33] E nos dá detalhes:

> Além do acasalamento, há este outro abraço, que é um enlaçamento imóvel: estamos encantados, enfeitiçados: estamos no sono, sem dormir; estamos na volúpia infantil do adormecer: é o momento da voz, que vem me hipnotizar, me siderar, é o retorno à mãe. Neste incesto renovado, tudo fica então suspenso: o tempo, a lei, o interdito: nada se esgota, nada se quer: todos os desejos são abolidos porque parecem definitivamente satisfeitos.[34]

Mas, como não existe *relação* sexual, o sujeito não pode se acoplar ao outro, não pode fazer *um*, não encontra algo que o preencha, pois este momento seria tão arrebatador que culminaria por enlouquecer – levaria à morte. Sobre este momento mágico, este instante que pareceria perfeito, Barthes salienta: "Contudo, durante esse abraço infantil, o genital acaba irremediavelmente por surgir; ele corta a sensualidade difusa do abraço incestuoso; a lógica do desejo põe-se em marcha, o querer-possuir retorna, o adulto se justapõe à criança"[35] e o sexo retorna interrompendo, fazendo um corte, colocando em cena novamente a falta e, com ela, o desejo.

---

[32] Lacan, J., O Seminário, Livro 20, *Mais, ainda, op. cit.*, p. 14.

[33] Barthes, Roland (2003). *Fragmentos de um discurso amoroso.* São Paulo: Martins Fontes, p. 7.

[34] Barthes, R., *op. cit.*, p. 8.

[35] Idem.

A falta, transposta em desejo, tentamos tamponá-la, satisfazê-la. O ato da escrita é "uma tentativa de escrever o impossível, escrever a relação sexual, que não existe como 'relação' e que se perde no gozo do ato sexual",[36] como mostra o exemplo de Barthes. Podemos pensar com Lacan que "a escrita, então, é um traço onde se lê um efeito de linguagem. É o que se passa quando vocês garatujam alguma coisa".[37] Este ato de rabisco, de garatuja, faz pensar na escrita como algo recorrente na tentativa de escrever um objeto, servindo de material de elaboração psíquica daquilo que não obtém ordens significantes, na medida em que o que se repete é o que escapa à representação.

A tentativa de inscrição do objeto também toma forma numa estrutura de ficção, de lembrança mítica – toda origem é mitológica. Neste sentido, Borges revela:

> Acreditei, durante anos, que tinha crescido num subúrbio de Buenos Aires, um subúrbio de ruas perigosas e de ocasos visíveis. A verdade é que cresci num jardim, atrás de grades com lanças, e numa biblioteca de inumeráveis livros ingleses.[38]

Assim como só conhece a terra aquele que a faz produzir, Borges, dentro de um universo fantástico ficcional, dá testemunho de uma experiência que faz produção. Sabemos desde Lacan que "o escrito não é algo para ser compreendido".[39] Podemos pensar que a escrita de Borges serve de matéria viva para o leitor: seus livros são como a arte que põe a trabalhar quem diante dela se posta.

---

[36] Ana Maria Medeiros da Costa, *op. cit.*

[37] Lacan, J., O Seminário, Livro 20, *Mais, ainda, op. cit.*, p. 164.

[38] Borges, J. L. (1998). Evaristo Carriego. In: *Obras completas de Jorge Luis Borges.* v. I. São Paulo: Globo, p. 103.

[39] Lacan, J., O Seminário, Livro 20, *Mais, ainda, op. cit.*, p. 48.

A escrita de Borges funde-se a outras escritas, outros escritores permeiam seu texto, como uma enorme biblioteca em que livros se misturam na estante, deixando ver o Borges leitor. Por outro lado, "a imagem do Outro que o habita [a Borges] se mascara de textos e co-autores, os quais, juntamente com Borges produzem uma obra de mil e uma mãos".[40] Borges afirma que "cada escritor nada mais faz do que repetir os seus antecessores (...) cada texto é um campo magnético em que se cruzam os textos que o autor cita ou a que alude, plagia ou repete e que vem de uma produção coletiva".[41]

Pode-se pensar que o equivalente se produz no leitor de Borges. Sua escrita – principalmente seus contos – abre para infinitas histórias a partir das quais seu leitor, paralelamente, se sente convocado a criar. Podemos dizer que Borges suspende o tempo, cria dentro dele outros tempos: "um tempo e um espaço se abrem, interminavelmente, desgarrando-se do real e do histórico, realizando-se no infinito e regido por leis próprias".[42] Seu uso da linguagem impõe um tempo, oferecendo ao seu leitor caminhos que se bifurcam em grandes labirintos, deixando algo em suspensão. Ele nos diz: "Vejo o fim e vejo o princípio, não o que se encontra entre os dois",[43] deixando neste ato um entre-meio, um espaço infinito de criação.

---

[40] Souza, Eneida M. de (2006). *apud* Giovanna Bartucci. *Fragilidade absoluta: ensaios sobre psicanálise e contemporaneidade*. São Paulo: Ed. Planeta do Brasil p. 144.

[41] Josef, B., Uma estética da inteligência, *op. cit.*

[42] Idem.

[43] Borges, J. L. (1998). A rosa profunda. In: *Obras completas de Jorge Luis Borges*. v. III. São Paulo: Globo, p. 89.

Ato Três

Borges não se aproximou da psicanálise,[44] mas pode-se dizer que o sujeito fala em seus escritos. Ele mesmo assinala: "A paixão do tema tratado *manda no escritor, e isso é tudo*".[45] Sua escrita nos leva a uma certa circularidade, permitindo entrever o que do impossível nos agita, convidando a jogarmo-nos na responsabilidade do possível.

Em seu conto O *milagre secreto,*[46] Borges, citando o *Alcorão*, escolhe uma epígrafe que sinaliza, de forma condensada, o que desenvolve em seu conto: "E Deus o fez morrer durante cem anos e depois o animou e lhe disse: Quanto tempo estiveste aqui? Um dia ou parte de um dia, respondeu".[47] Esta forma de condensação também é um artifício utilizado por Borges, dando a impressão de, ao condensar o escrito, condensar o mundo, e ao mesmo tempo abrir para possibilidades infinitas. Percebe-se que a escrita de Borges leva seu leitor a transitar de um mundo a outro, criando um mundo paralelo, um mundo outro, outorgando validez ao inverossímil, ao absurdo e ao onírico.

Borges trabalha as palavras como uma experiência-limite, conferindo simultaneidade e elasticidade aos seus escritos – a passagem de um tempo para outro, de uma ação para outra, como se uma mesma história comportasse várias histórias. Enquanto

---

[44] "Talvez a possível associação, por parte de Borges, da psicanálise aos 'modos tradicionais de representação' seja uma das razões pelas quais a obra de Freud e o próprio discurso freudiano, embora tendo se tornado apropriação do século XX, não figurem nas páginas daquele que é, reconhecidamente, um dos mais importantes literatos do século passado". Bartucci, Giovanna (2006). *Fragilidade absoluta: ensaios sobre psicanálise e contemporaneidade.* São Paulo: Ed. Planeta do Brasil, p. 138.

[45] Borges, J. L. (1998). Discussão. In: *Obras completas de Jorge Luis Borges.* v. I. São Paulo: Globo, p. 216. O grifo é meu.

[46] Borges, J. L. (1998). O milagre secreto. In: *Obras completas de Jorge Luis Borges.* v. I. São Paulo: Globo, p. 567-572.

[47] *Alcorão,* II, 261, *apud* Jorge Luis Borges. O milagre secreto, *op. cit.*, p. 567.

escreve uma parte dela, outra fica em espera, para retomá-la depois, levando o leitor, neste momento, a tentar dar um rumo à história aparentemente abandonada. Em seguida, surpreende ao trazê-la novamente para o texto.

Maurice Blanchot, no livro *A conversa infinita*, escreve que a espera é o tempo do abandono. E salienta: "o infinito da espera, este tempo do abandono e da privação (...). Espera sem fim, existência reduzida à estéril expectativa sem presente, que no entanto é também espera rica, plena do pressentimento no qual se prepara a vinda".[48] Pois, na espera "o verso se interrompe, calando-se num instante, antes de tomar fôlego para dar forma, com uma força urgente, a um novo presente. Mas que presente? O do desejo (em que portanto a ausência se apresenta)".[49] Do desejo de escrita que, nesta espera apresentada por Borges, evoca e invoca entregar-se ao futuro da promessa fundamental da palavra: tudo dizer.

A espera se apresenta também como uma fenda, uma hiância, uma ruptura no texto. Não uma ruptura que interrompe, mas sim que suspende, chamando o leitor a participar ativamente. Semelhante ao que Lacan propõe: "Pelo discurso analítico o sujeito se manifesta em sua hiância, ou seja, naquilo que causa o seu desejo [...]. Nada pode ser dito senão por contornos em impasse, demonstrações de impossibilidade lógica, onde nenhum predicado basta".[50]

Podemos salientar que a escrita de Borges torna o leitor participante ativo do processo de criação. A leitura, neste caso, passa a ser uma reescritura. Assim como dizia escrever com mil

---

[48] Blanchot, M. (2001). Falar, não é ver. In: *A conversa infinita: a palavra plural*. São Paulo: Escuta, p. 81.

[49] Blanchot, M., *op. cit.*, p. 82.

[50] Lacan, J., O Seminário, Livro 20, *Mais, ainda*, *op. cit.*, p. 20.

e uma mãos, também dizia que "toda palavra pressupõe uma experiência compartilhada".[51] Isto podemos também perceber com Lacan: "o que buscamos da história de uma palavra, no lugar onde ela se constitui, são efeitos para os quais muitas outras palavras contribuíram".[52]

A repetição é contínua na obra borgiana, tanto pelo que se repete no próprio texto – por exemplo, o tema da morte ou dos labirintos – mas, também, pela sua insistência em apontar que um único ponto[53] bastaria para escrever o universo infinitamente – um eterno retorno. No conto *O Milagre secreto* o personagem Hladik vive e revive momentos iguais em tempos diferentes. Borges traz para dentro do conto uma suposta história que o personagem teria vivido, deixando o leitor acreditar que um dos tempos existiu. Borges "conduz pela mão e, na beira do abismo desaparece",[54] numa queda brusca em que uma frase basta para trazer novamente seu leitor à realidade: "O drama não aconteceu: é o delírio circular que interminavelmente vive e revive".[55]

Esse ciclo é um perpétuo recomeço. Quando colocamos ponto, o fazemos para continuar – interromper, de verdade, só a morte. Continuar a eterna procura dos restos, em incessantes atos, repetindo, repetindo, repetindo. Como nos diz Borges: "Bem... terei que me repetir – não me resta outra coisa – já que não repito os outros me repito a mim mesmo, e talvez eu não seja outra coisa senão uma repetição".[56]

---

[51] Borges, J. L. (1998). Atlas. In: *Obras completas de Jorge Luis Borges*. v. III. São Paulo: Globo, p. 469.

[52] Lacan, J., Juventude de Gide ou a letra e o desejo, *op. cit.*, p. 754.

[53] No conto "O Aleph" Borges escreve sobre um ponto de condensação do universo. Borges, J. L. (1998). O Aleph. In: *Obras completas de Jorge Luis Borges*. v. I. São Paulo: Globo.

[54] Duclós, Nei, *op. cit.*

[55] Borges, J.L., O milagre secreto, *op. cit.*, p. 570.

[56] Borges, J. L. (1986). *Borges em diálogo: conversas de Jorge Luis Borges com Osvaldo Ferrari*. Rio de Janeiro: Rocco, p. 139.

Escrita, memória e inutilidades

Mariana De Bastiani Lange

Por que publicar o que não presta? Porque o que presta também não presta. Além do mais, o que obviamente não presta sempre me interessou muito. Gosto de um modo carinhoso do inacabado, do malfeito, daquilo que desajeitadamente tenta um pequeno vôo e cai sem graça no chão.

Clarice Lispector[1]

O escrever lida com inutilidades. Não sendo inútil, lida com inutilidades. Ao modo da arte, a escrita convida a visitar lonjuras insuspeitadas, podendo até mesmo deixar para trás o sítio da utilidade e da exatidão.

É precisamente na inutilidade da arte que reside sua potência. A escritora Clarice Lispector, no texto *Não soltar os cavalos,*[2] afirma seu medo incondicional da potência que a escrita carrega: "como em tudo, no escrever também tenho uma espécie de receio de ir longe demais (...). Eu me guardo". Esse receio de extrapolar, de exceder, diz de um *mais além* e nos remete ao gozo e suas implicações. O gozo extrapola a lógica do princípio

---

[1] Clarice Lispector, em entrevista a Affonso Romano de Sant´Anna e Marina Colasanti (20/10/76), citada em nota prévia no livro *Para não esquecer.* Lispector, C. (1999). *Para não esquecer.* Rio de Janeiro: Rocco. Este livro compila inúmeros escritos guardados, chamados por Clarice, inicialmente, de "fundo de gaveta". Foi publicado pela primeira vez em 1978, já com o título *Para não esquecer.* Esses textos constituíam, originalmente, a segunda parte da *Legião estrangeira* (1964), e reúnem "pequenos vôos desajeitados", amontoados no fundo das gavetas.

[2] Lispector, C. (1999). Não soltar os cavalos. In: *Para não esquecer.* Rio de Janeiro: Rocco, p. 78.

do prazer, e esse excesso, que extravasa além do previsto, é do que se ocupa o tratamento analítico. A psicanálise trabalha com restos guardados, trabalha com o gozo, com a pulsão de morte, com sonhos, lapsos, fantasias e com os vislumbres do que seria o *objeto a*. Eis uma ciência decididamente voltada às virtudes do inútil.

Freud costumava dar atenção aos despercebimentos do cotidiano, tomando-os como algo valioso – trabalhava, pois, com a potência desses restos. Passado um século desde os primeiros esboços dos textos freudianos, seus seguidores continuam ocupando-se de temas "inúteis", ordinários, oníricos, falhados. Sabemos do banal a que se dedicam analista e analisante, bem como da "inutilidade" das produções[3] resultantes da transferência... E é nessa aposta que insistimos: na potência que reside no trivial.

De migalhas recolhidas e de restos que insistem se constitui a escrita. No entanto, bem antes de escrever, estamos escritos. Freud, já em 1895,[4] elegeu a escrita como mote norteador de suas construções. Porém, sabemos hoje, após a retomada de Freud por Jacques Lacan, que a escrita, apesar de não constituir um conceito psicanalítico, sempre apareceu como operador nas mais importantes elaborações freudianas, desde o *rébus* a ser decifrado na interpretação de sonhos até a repetição presente nos pesadelos e nos comportamentos compulsivos.

Estamos escritos: Freud o afirma em pleno século XIX, quando de suas elaborações acerca do aparelho psíquico – constituído, segundo ele, como um aparelho de memória. Para

---

[3] "O sujeito não é aquele que pensa. O sujeito é, propriamente, aquele que engajamos, não, como dizemos a ele para encantá-lo, a dizer tudo – não se pode dizer tudo – mas a dizer besteiras, isso é tudo. É com essas besteiras que vamos fazer a análise [...]". Lacan, J. (1985) O Seminário, Livro 20, *Mais, ainda* (1972-1973). Rio de Janeiro: Jorge Zahar, p. 33.

[4] Freud, S. (1996). Projeto para uma psicologia científica (1895). In: *Edição Standard das obras completas de Sigmund Freud.* v. X. Rio de Janeiro: Imago, p. 335-469.

além de impressões que se fixam, e longe de ser um armazém de restos, a memória é constituída por um emaranhado de traços, rasuras e esquecimentos. Data de 1895 o primeiro escrito psicanalítico acerca da memória: aproveitando tempo "inútil" despendido dentro de um trem, retornando de uma visita ao seu amigo e interlocutor Fliess, Freud começou a escrever o que viria a se tornar o *Projeto para uma psicologia científica*. Com a escrita deste texto, ainda bastante voltado à biologia e ao funcionamento dos neurônios, Freud procurou estabelecer uma teoria da memória, buscando na localização anatômica suporte para situar os processos psíquicos.

Com base em seus manuscritos, rasurados e com resquícios de suas marcas singulares (siglas, abreviações), Freud estabeleceu um *constructo* teórico voltado a elucidar o mecanismo de repetição inerente ao psiquismo humano, cuja lógica apontava para uma espécie de trilhamento (*Bahnung*), marcado de tal modo que serviria de rastro, estabelecendo, assim, uma tendência do aparelho psíquico a reproduzir o mesmo caminho (*Bahn*) outra e outra vez. Essa memória de traços, que com seus rastros duradouros inscrevem um trilhamento, torna-se o germe teórico do conceito de repetição, um dos conceitos fundamentais que sustentam o arcabouço teórico e também a prática psicanalítica. Além disso, as referidas marcas descritas por Freud são os primórdios do que, anos mais tarde, Lacan chamaria de significante.

Com o texto sobre a interpretação dos sonhos,[5] no ano de 1900, Freud explicita mais detalhadamente o funcionamento dessas marcas constituintes do psiquismo. Podemos crer, com base no capítulo sete da *Traumdeutung*, que os traços são as matérias primas do inconsciente e têm relação com as inscrições das quais

[5] Sigmund Freud, S. (1996). A interpretação dos sonhos (1900-1901). In: *Edição Standard das obras completas de Sigmund Freud*. v. IV e V. Rio de Janeiro: Imago.

somos portadores, dando mostra da lógica temporal que rege o manejo inconsciente.

O ensino de Lacan retomou as assertivas freudianas sobre o funcionamento do inconsciente e estabeleceu que o sujeito do desejo é efeito de uma marca definitiva: a marca da linguagem. Há um corte que instaura o desejo, traçando os esboços que constituirão o mapeamento corporal do *infans*. Mas isso não se dá naturalmente: a confecção dos lugares do corpo só é possível a partir da experiência com o Outro, este estranho – *das Unheimliche*[6] – que aparece apontando para o abismo existente entre o bebê e a mãe. Melhor dizendo, este estranho (figura paterna, cultura, linguagem) marca a alteridade e, portanto, a diferença. Podemos afirmar que todos nascemos *no* estrangeiro, pois:

> Nascer no estrangeiro, no outro, no diferente, na alteridade, é uma prova da qual nenhum sujeito escapa. O próprio processo de subjetivação procede do encontro com o Outro, sem o qual o acesso ao Eu é impossível. Mas essa alteridade não é imediatamente escutada pelo sujeito.[7]

Nos primórdios da infância, um esboço de espaço subjetivo se dá com a inauguração das oposições simbólicas ausência/presença e dentro/fora, noções cruciais que irão marcar a pulsação do tempo na vida subjetiva do sujeito. A experiência temporal é fundadora do movimento do desejo, pois o advento da presença e da ausência nas inscrições *mnêmicas* da criança marcará, por meio de experiências de prazer e desprazer, a falta – e, portanto, o desejo. Esta experiência essencialmente temporal inaugura o que

---

[6] Em alemão, *Unheimliche* = *Un* – prefixo de valor negativo; *Heimliche* – familiar. Costuma-se traduzir *das Unheimliche* por estranho, sinistro, inquietante, estranhamente familiar.

[7] Hassoun, Jacques (1998). O estrangeiro: um homem distinto. In: *O estrangeiro*. Catherine Koltai (org.). São Paulo: Escuta, p. 84.

poderíamos chamar de temporalidade psíquica, estreitamente ligada à memória e sua escrita.

Há uma costura dos tempos no tempo das memórias, muito próximo do agora, vizinho do esquecimento. O tempo subjetivo da coexistência não linear entre passado e presente é o tempo do desejo, tal como Freud enuncia no texto em que consagra o artista como aquele à frente do seu tempo: "passado, presente e futuro estão entrelaçados pelo fio do desejo que os une".[8]

Com a memória e sua "estranha" pulsação, um outro tempo se descortina, mais próximo do atemporal do inconsciente que do tempo cronológico. Precisamente, "é na distância escavada entre o Mesmo e o Outro que surge a dimensão própria do tempo humano no movimento do desejo, como fundamento da identidade pela alteridade",[9] ou seja, a dimensão de alteridade descortina o tempo e, assim, propicia o advento do sujeito identificado com um *si mesmo*.

A relação entre tempo, escrita e memória aponta para

> a distância entre o semelhante e o estranho, entre o Mesmo e o Outro, de tal forma que o futuro sujeito nunca poderá alcançar-se exatamente nem coincidir com si mesmo: o cisco do estranho logo será cravado no coração da sua memória, como se, aliás, nenhuma memória pudesse se elaborar fora dessa relação com o estranho no semelhante.[10]

Entre o estranho e o semelhante, um território movediço. Repetimos e buscamos algo do familiar; porém, ao buscarmos o mesmo, esbarramos no diferente. Ao buscarmos a completude, nos

---

[8] Freud, S. (1996). Escritores criativos e devaneio (1908). In: *Edição Standard das obras completas de Sigmund Freud.* v. IX. Rio de Janeiro: Imago, p. 138.

[9] Poulichet, Sylvie Le (1996). *O tempo na psicanálise.* Rio de Janeiro: Jorge Zahar, p. 24.

[10] Idem.

deparamos com o desencontro. A linguagem é a possibilidade de fazer ponte entre margens, de colocar a palavra a serviço de uma pretensa continuidade. Maurice Blanchot, autor do livro *A conversa infinita*, afirma que "o diálogo é a geometria plana, onde as relações são diretas e permanecem idealmente simétricas".[11] No entanto, o caráter ideal e retilíneo do diálogo não condiz com o que resulta desta tentativa: o *semi-dizer*. Há um desvio,

> revelando que o espaço da comunicação é essencialmente não-simétrico, que existe uma espécie de curvatura desse espaço que impede a reciprocidade e produz uma diferença absoluta de níveis entre os termos que vem comunicar [...]. Outrem não está no mesmo plano que eu.[12]

Há um desencontro entre a palavra (que tenta dizer) e o que ela tentou dizer. Essa falha que, em alguma medida, frustra toda e qualquer tentativa de comunicação não raro aponta para a existência de um *mais além*, inapreensível e insistente, cuja presença se faz sentir privilegiadamente em algumas produções culturais. A arte lida diretamente com este inapreensível que escorre por entre dedos. Ana Costa, no livro *Corpo e escrita*, nos lembra que "o artista é capaz de levar às últimas conseqüências essa procura de comunicar o incomunicável".[13] A literatura, assim como a arte, tem por ofício trabalhar com o *Unheimliche*, assim como a psicanálise.

A arte, a literatura e a psicanálise aproximam-se deste território descampado situado "entre". Corajosamente, espreitam. Apesar das tentativas iniciais de Freud de vincular o inconsciente

---

[11] Blanchot, Maurice (2001). A *conversa infinita – a palavra plural*. São Paulo: Escuta, p. 141.

[12] Blanchot, M., *op. cit.*, p. 104.

[13] Costa, Ana M. Medeiros da (2001). *Corpo e escrita: relações entre memória e transmissão da experiência*. Rio de Janeiro: Relume Dumará, p. 102.

ao funcionamento cerebral,[14] o *atopos* é o seu lugar. A questão do entremeio, tão desprezada pelo discurso da ciência,[15] é trabalhada em sua potência, uma vez que hiatos, fendas e interstícios são matérias-primas, tanto para a psicanálise quanto para as artes.

A respeito das artes, Ruth Silviano Brandão destaca a literatura, pois considera a psicanálise e a literatura "duas disciplinas que estão sempre transitando no campo da linguagem".[16] Trata-se mais de um desencontro que de um encontro, uma vez que o hiato entre as duas disciplinas impossibilita a conjunção, mas produz, em ambas as margens, ressonâncias.

O tema do estranho é central tanto para a psicanálise quanto para a literatura, e é por meio da linguagem que ambas exercem seu ofício. A presença do outro em nós – tal qual Rilke[17] identifica quando se refere a uma sensação estranha, como se houvesse um hóspede em nossos interiores – faz com que estejamos desde os tempos imemoriais marcados com o cisco do Outro, simultaneamente estranho e familiar, encravado no bojo mesmo da nossa constituição.

Tramas e urdiduras estabelecem o rendado de tempo e memória que constitui o sujeito desejante; tramas e urdiduras mapeiam as modalidades de gozo e repetição que aparecerão nesta busca incessante por meio da linguagem, lembrando que se busca

---

[14] Freud, S., Projeto para uma psicologia científica, *op. cit*, p. 335-469.

[15] Barthes nos lembra que "a literatura trabalha nos interstícios da ciência: está sempre atrasada ou adiantada com relação a esta". Barthes, R. (2004), *Aula*. 12ª. ed. São Paulo: Cultrix, p. 18.

[16] Brandão, Ruth S. (1996). *Literatura e psicanálise*. Porto Alegre: Ed. Universidade/ UFRGS, p. 27.

[17] Rainer Maria Rilke, em *Cartas a um jovem poeta*, escreve: "Não sabemos o que houve. Facilmente nos poderiam fazer crer que nada aconteceu; no entanto, ficamos transformados, como se transforma uma casa em que entra um hóspede. Não podemos dizer quem veio, talvez nunca o venhamos a saber...", Rilke, R. M. (2003). *Cartas a um jovem poeta e A canção de amor e de morte do porta-estandarte Cristóvão Rilke*. São Paulo: Globo, p. 66.

reencontrar o mesmo e, neste movimento, se cava sempre e mais a diferença. Roland Barthes descreve este momento de síncope em *Fragmentos de um discurso amoroso*:

> Ei-lo que faz um gesto que desvela nele uma outra raça. Fico pasmo: ouço um contraritmo: algo como uma síncope na bela frase do ser amado, o ruído de um rasgão no invólucro liso da Imagem (...). Muitas vezes, é pela linguagem que o outro se altera;
> ele diz uma palavra diferente, e eu ouço rumorejar de modo ameaçador todo um outro mundo, que é o mundo do outro.[18]

O fracasso se apresenta, frustrando o encontro. Mesmo assim, a busca continua: seguimos endereçando ao Outro nosso discurso, que renasce, recomeça, insiste. Segundo Barthes,

> nós continuamos sempre o mesmo discurso – e é preciso muita paciência daqueles que nos cercam para suportar, de nossa parte, esse discurso que recomeça, esse discurso imperturbável que é o nosso durante toda a vida. Pronunciamos, até a nossa morte, um único discurso, e a morte é a única força que pode quebrar, romper a firmeza do nosso discurso.[19]

Há uma obstinação do discurso, uma insistência frente à não existência da relação sexual tal como Lacan a concebe.[20] Do discurso pode-se dizer que se trata de um encadeamento, onde eu encadeio com aquilo mesmo que estava dizendo antes (em um tempo anterior, mas não necessariamente "passado"),

[18] Barthes, R. (2003). *Fragmentos de um discurso amoroso.* Martins Fontes: São Paulo, p. 21.

[19] Barthes, R. (2003). *Como viver junto – simulações romanescas de alguns espaços cotidianos.* São Paulo, Martins Fontes, p. 272.

[20] Quando Lacan afirma que não existe relação sexual ele se refere a uma impossibilidade de completude, pois que há *ato* sexual, disso não há dúvida; no entanto, não há *relação,* pois isso que chamamos de relação não faz senão apontar para um desencontro. Lacan, J., O Seminário, Livro 20, *Mais, ainda, op. cit.*, p. 49.

ligando os tempos através da linguagem. Esta presentifica uma ausência, traz o passado para o presente, e o faz a todo instante, já que, quando falamos, o fazemos dando continuidade ao que antes havíamos falado. Mesmo com pausas, o discurso é corrente – *discourant,*[21] como brinca Lacan.

Uma célebre frase borgiana diz que o tempo é a substância da qual somos feitos. Entretanto, o tempo é o tempo do Outro, e talvez seja esta a natureza secreta do estranho, suspeitada por Freud nos idos de 1919:

> Se é essa, na verdade, a natureza secreta do estranho, pode-se compreender por que o uso lingüístico estendeu *das Heimliche* (doméstico, familiar) para o seu oposto, *das Unheimcliche*; pois esse estranho não é nada novo ou alheio, porém algo que é familiar e há muito estabelecido na mente, e que somente se alienou desta através do processo da repressão.[22]

A estrangeirice originária, fundadora do nosso sujeitamento à cultura e da possibilidade de advento do sujeito do desejo, insiste: "o difícil é conservar-se na proximidade do estranho, neste espaço potencial em que, acolhendo-o e hospedando-o, podemos nos fazer e refazer com base em uma experiência que é sempre mais ou menos incômoda".[23] Incômoda é a diferença, este ingrato desencaixe que contorna e evidencia o abismo entre o eu e o outro.

A escrita convida a enfrentar a distância e a estranheza que provoca o "entre-lugar". Após ter escrito, é preciso suportar a

---

[21] Lacan usa *discourant, discorrente, disco corrente,* para designar o discurso corrente que faz girar o disco, "esse disco que gira porque *não há relação sexual*", Lacan, J., O Seminário, Livro 20, *Mais, ainda, op. cit.*, p. 48. O grifo é do autor.

[22] Freud, S. (1996). O estranho (1919). In: *Edição Standard das obras completas de Sigmund Freud.* v. XVII. Rio de Janeiro: Imago, p. 253.

[23] Figueiredo, Luis C. (1998). A questão da alteridade nos processos de subjetivação e o tema do estrangeiro. In: *O estrangeiro.* Catherine Koltai (org.). São Paulo: Escuta, p. 74.

estranheza da própria produção. Clarice Lispector reconhece: "Depois que se despegam de mim, também eu os estranho",[24] expressando a dificuldade que sente em encarar seus textos após publicação.

Uma vez que tenha se *despegado* – termo eleito por Clarice que nos parece precioso – o texto torna-se estranho a quem o escreveu. Torna-se estrangeiro, pois se desprendeu e se encontra fora de seu território natal. Como diria Barthes,[25] questão "intestina" esta... Livrar-se, desapegar-se, jogar fora, desgrudar, desentranhar: a escrita permite desentranhar, por assim dizer, algo do desejo.

Reler um texto próprio pode causar estranheza, e reler seu manuscrito pode causar ainda mais estranheza, pois permite reencontrar detalhes esquecidos. A dinâmica dos rascunhos contém rasuras, manchas – ou seja, uma outra escrita,[26] uma escrita esquecida, deixada para trás.

Freud se interessava pelo esquecimento – para ele, memória e esquecimento são indissociáveis. Visto por este prisma, poderíamos afirmar que neste ponto Clarice Lispector é freudiana, pois dispensa especial atenção aos escritos esquecidos nas esquinas das gavetas, tanto dos armários quanto da memória.

E a potência contida silenciosamente nas cartas nunca enviadas, nos poemas com insólitos destinos; que tesouros poderão guardar os extravios e os desvarios, um pedaço de palavra partida, uma linha secamente interrompida, algumas impressões rasuradas, desenhadas, ensaiadas? Por que esquecê-los? De acordo com Clarice Lispector, o que presta também não presta e, nas palavras de Manuel de Barros, "quem atinge o valor do que não presta é, no mínimo, um sábio ou um poeta".[27]

---

[24] Lispector, C., A explicação inútil. In: *Para não esquecer, op. cit.*, p. 68.

[25] Barthes, R. (2005). *A preparação do romance* II *– a obra como vontade*. São Paulo: Martins Fontes, p. 46.

[26] Lembrando que não se trata, aqui, da "escrita automática" dos surrealistas, uma vez que o inconsciente não está no texto, e não é possível ter mostras do inconsciente do autor por meio de seus escritos, como almejavam os surrealistas em sua busca por uma escrita de fluxo totalmente livre e sem entraves.

[27] Barros, M. (2005). Rabelais. In: *Ensaios fotográficos*. 5ª. ed. Rio de Janeiro: Rocco, p. 35.

O rascunho rasurado, superado pelo chamado "texto final", configura uma espécie de memória. Segundo Ana Costa,[28] a escrita contém detritos – detritos corporais, restos não assimiláveis. Há alguma relação entre a escrita e os restos, aquilo que sobra, que cai. O que resulta dos primeiros esboços de escrita deixa atrás de si a letra esquecida da caligrafia grafada a próprio punho. Sensível a esses insuspeitados conteúdos, Manuel de Barros, no poema *Comparamento*, escreve:

> Os rios recebem, no seu percurso, pedaços de pau,
> Folhas secas, penas de urubu
> E demais trombolhos.
> Seria como o percurso de uma palavra antes de
> Chegar ao poema.
> As palavras, na viagem para o poema, recebem
> Nossas torpezas, nossas demências, nossas vaidades.
> E demais escorralhas.
> As palavras se sujam de nós na viagem.
> Mas desembarcam no poema escorreteiras: como que
> Filtradas.
> E livres das tripas do nosso espírito.[29]

Diferente de um texto pronto, entregue, o manuscrito traz à cena o *Unheimliche* descartado da versão final. Trombolhos e escorralhas vindos de alhures, a caligrafia, as rasuras, essas marcas excluídas da versão publicada ficam relegadas ao esquecimento. Tornam-se restos?

Também a letra que nos escreve – letra entalhada pelo Outro – fica para trás, esquecida, permanecendo em sofrimento

[28] Costa, Ana M. M. ,*op. cit.*, p. 134.

[29] Barros, M., Comparamento. In: *Ensaios fotográficos, op. cit.*, p. 21.

(*en souffrance*) até encontrar uma via de expressão. A escrita traz a letra regurgitada. É disso, portanto, que se trata na escrita: os detritos que ela transporta apontam para uma memória enraizada no significante – memória de impressões, memória de traços, memória rasurada.

Podemos pensar que as rasuras constituem memória, tanto no que se refere à memória do texto quanto no que diz respeito à memória do sujeito. Assim como a escrita, "a rasura poderá levar o escritor ao encontro destes diferentes não-sabidos".[30] A rasura, que diz de um erro ou de um "estranho" invadindo a lógica do texto, é também uma escrita, e esta atualiza uma outra escrita em eminente risco de apagamento: a escrita inconsciente.[31] Rasurar é constituir memória; rasurar é reconhecer o cisco do estranho irrompendo as espessas camadas do enunciado.

O que resta do manuscrito, o que dele se desprende, é o texto final; porém nunca finalizado. O leitor segue o trabalho – ou inicia outro? – precisamente onde o escritor desaparece. O leitor, por sua vez, lê tanto o texto escrito quanto sua própria letra esquecida. O lapso de escrita (*Verschreiben*), do lado do escritor, e o lapso de leitura (*Verlesen*), do lado do leitor, mostram que algo insiste em i(nte)rromper: uma escrita quer se sobrepor ao texto para que não seja esquecida. Há um resto que sempre escapa e, escapando, reporta à outra cena.

E, para quem ousa se voltar às virtudes do inútil, espreitar pode ser deveras interessante...

---

[30] Willemart, Philippe (1999). *Bastidores da criação literária*. São Paulo: Iluminuras, p. 177.

[31] Lembremos com o "bloco mágico": são marcas em constante rearranjo. Freud, S. (1996). Uma nota sobre o "Bloco Mágico" (1924-25). *In: Edição Standard das obras completas de Sigmund Freud*. v. XIX. Rio de Janeiro: Imago, p. 257.

Roland Barthes: a escrita, a pesquisa e o inconsciente[1]

Rafael Andrés Villari

É no andar da carroça que se ajustam as abóboras.
(ditado popular).

Lembro de ter sofrido ante uma folha em branco, clichê que nem por isso deixa de ser verdadeiro. Sobretudo porque acreditava, em tempos de empáfia juvenil, que não me faltavam idéias para serem escritas. No entanto era freqüente a folha se manter horas, dias a fio, em branco...

Creio ter apreendido alguma coisa de lá para cá. Quiçá por isso, às vezes, os jovens que me procuram para trabalharmos juntos ainda não sei muito bem por que, conseguem usufruir daqueles meus impasses juvenis.

A situação é recorrente: alguém, na maioria dos casos com muito entusiasmo, relata suas intenções de pesquisa, as articulações possíveis, as descobertas vislumbradas, as publicações que,

---

[1] Este texto tem como antecedentes a conferência "O conceito de pesquisa em Barthes", promovida pelo Núcleo de Estudos em Psicanálise do ppg em psicologia no auditório do CFH na Universidade Federal de Santa Catarina em setembro de 2006 (o texto tenta manter o espírito acolhedor e participativo daquela noite) e, da mesma forma, o capítulo *Alicerces*, do meu livro *Literatura e psicanálise: Ernesto Sábato e a melancolia* (Florianópolis: Ed. da UFSC, 2002), no qual tento alinhavar a importância metodológica da escrita na pesquisa em Roland Barthes.

com certeza, serão o produto do esforço. Não sem candura, presto ouvidos ao entusiasmo; mas, devo confessar, somente a este e à implicação subjetiva em relação à pesquisa por vir. Quando alguma certeza nesse sentido me alcança, faço uma pequena e cruel sugestão: "muito bem, sua idéia parece magnífica, com muito potencial. Agora, para termos certeza disso, vamos fazer o seguinte: nos reencontramos daqui a um tempo. O tempo necessário para que você coloque no papel tudo isso que me contou". Poucas vezes esta sugestão é bem recebida: a resistência aparece. Alguns perguntam, ou mesmo argumentam, sobre a necessidade de fazer um "levantamento bibliográfico"; outros, sobre a necessidade de fazer cursos, disciplinas e leituras que lhes ofereçam um saber sobre o qual, depois sim, escrever. Esta maneira leva alguns ingênuos, mais adiante, a afirmar coisas do tipo: "estou terminando meu mestrado (no pior dos casos, doutorado), estou no final, já fiz toda minha pesquisa. Agora falta somente escrever o trabalho (a dissertação ou tese)" (!). Não posso deixar de pensar: coitados... Fica claro que, para a maioria desses jovens, a escrita é a formalização de um pensamento, de uma pesquisa já realizada. Na verdade, foi dessa forma que aprenderam. Nada mais equivocado, porém.

Meu trabalho inicial, sem dúvida o mais árduo, é tentar inverter esta lógica, solidificada por anos de aprendizado, e convencê-los de que não existe pesquisa antes do gesto inaugural da escrita e que a leitura prévia não aponta ao saber, mas à transmissão do *desejo de escrever*. Que o "pensamento pensado" é somente imaginário e que quando eficiente, porque verdadeiro, passa a sê-lo somente através da materialidade do texto. Tento transmitir que

> uma conclusão se impõe, de ordem prática: importa escrever para buscar o que ler; importa ler para reescrever o que se escreveu e o que se leu. Antes o escrever, depois o ler para o reescrever. Isso é procurar; é

> aprender: atos em que o homem se recria de contínuo, sem se repetir. Isso é pesquisar.[2]

Pois bem, para adentrarmos nas possibilidades de pesquisa e descoberta que o exercício da escrita oferece, e encontrar uma base, como os bons modos da academia propõem, além da experiência pessoal proponho uma pequena *ex-cursão*, utilizando um termo que é caro aos textos de Roland Barthes sobre o tema.

Nos escritos de Barthes encontramos a possibilidade de distinção entre *obra* e *texto* como estatutos diferenciados. A tentativa de delinear essa diferença é árdua e complexa, diz respeito às diferentes possibilidades relacionadas ao conhecimento na literatura. Barthes não define taxativamente estes espaços diferenciados, mas opera aproximativamente, descrevendo pinceladas que tentam delinear um espaço onde a diferença se evidenciaria.[3] No escrito *Da obra ao texto*, demarcam-se alguns desses aspectos: "O Texto não deve ser entendido como um objeto computável. (...) a obra é um fragmento de substância, ocupa alguma porção do espaço dos livros (por exemplo numa biblioteca). Já o Texto é um campo metodológico".[4] Trata-se de um espaço metodológico que envolve diferentes níveis de constituição. Em outro momento, afirma:

---

[2] Osório, Mário M. (1997). *Escrever é preciso. O princípio da pesquisa.* Ijuí: Ed. Unijuí, p. 90.

[3] Essa característica na escrita de Barthes obriga, nas citações de seus textos, a incluí-los em alguns casos por extenso. Creio que o leitor não se incomodará com este aspecto do trabalho, inclusive, é mais do que provável ser este, somente, o único valor desta apresentação. Da mesma forma a referência às *pinceladas*, no corpo deste texto, não é gratuita. Roland Barthes gostava de pintar, ou melhor, grafar pinceladas. Em 1995 foram expostas pela primeira vez, e no Brasil, no Centro Cultural Banco do Brasil, no Rio de Janeiro, as pinturas e desenhos que Barthes havia deixado a seu companheiro Romaric Sulger Buel, "Roland Barthes Artista Amador" foi o título da exposição. Nesses trabalhos, por sinal lindíssimos, percebe-se o jogo do tramado de linhas distantes da representação: tramados de linhas, cores e texturas. Tramados significantes.

[4] Barthes, R. (1988). Da obra ao texto. In: *O rumor da língua.* São Paulo, Brasiliense, p. 72.

> (...) o texto se demonstra, se fala segundo certas regras (ou contra certas regras); a obra segura-se na mão, o texto mantém-se na linguagem: ele só existe tomado num discurso (ou melhor, é Texto pelo fato mesmo de o saber); o Texto não é a decomposição da obra, é a obra que é a cauda imaginária do Texto. Ou ainda: *só se prova o Texto num trabalho, numa produção*. A conseqüência é que o Texto não pode parar (por exemplo, numa prateleira de biblioteca); o seu movimento constitutivo é a *travessia* (ele pode especialmente atravessar a obra, várias obras).[5]

Pensemos a estratégia de contraste e contraponto que Barthes propõe: "A obra... o texto...". Fala de um movimento que, em primeira instância, se apresenta como sendo de oposição, mas que permite questionar: Obra e Texto são conceitos excludentes? Parece que para Barthes a relação entre a obra e o texto é da ordem de uma seqüencialidade solidária. Propõe um movimento em que a temporalidade seqüencial parece impregnada também de certo juízo de valor. Parece evidente a opção do autor pela idéia de texto. Mas, ao mesmo tempo, destaca o lugar da obra "como cauda imaginária do Texto".[6] Isso permite questionar: existe texto desligado de uma obra anterior? Talvez não, porque em outro momento ele diz que "a lógica que regula o Texto não é compreensiva (definir 'o que quer dizer' a obra), mas metonímica; o trabalho das associações, das contigüidades, das remissões, coincide com uma libertação de energia simbólica".[7]

Outro aspecto importante é o referente ao lugar do leitor. O texto convoca o leitor como partícipe.

---

[5] Barthes, R., *op. cit.*, p. 72-73.

[6] Barthes, R., *op. cit.*, p. 72.

[7] Barthes, R., *op. cit.*, p. 74.

> Grande inovação, pois a obra, quem a executa? (Mallarmé levantou a questão: quer que o auditório *produza* o livro.) Hoje apenas o crítico executa a obra (admito o jogo de palavras). A redução da leitura a simples consumo é evidentemente responsável pelo "tédio" que muitos experimentaram diante do texto moderno ("ilegível"), do filme ou do quadro de vanguarda: entediar-se quer dizer que não se pode produzir o texto, jogar com ele, desfazê-lo, *dar-lhe partida*.[8]

A reflexão sobre a leitura parece fundamental para a aproximação dos conceitos de *obra* e *texto*. Nesse sentido, texto erige-se como tal na medida em que provoca no leitor determinados efeitos, principalmente o que podemos chamar de efeitos de trabalho, ou seja, do relançamento da escrita. O escrito advém das possibilidades que abre no leitor como incentivo a trabalhar no campo do simbólico. Assim,

> na cena do texto não há ribalta: não existe por trás do texto ninguém ativo (o escritor) e diante dele ninguém passivo (o leitor); não há um sujeito e um objeto. O texto prescreve as atitudes gramaticais: é o olho indiferenciado de que fala um autor excessivo (Angelus Silesius): "O olho por onde eu vejo Deus é o mesmo olho por onde ele me vê".[9]

As relações entre o escrito e o leitor lavradas por Barthes parecem fundacionais de um campo em que uma fenomenologia se constrói: "o objeto que eu leio é fundado apenas pela minha intenção de ler; ele é simplesmente: *para ler, legendum*, pertencendo a uma fenomenologia, não a uma semiologia".[10] Ou seja, o texto é fundado no ato de leitura, em que o leitor inaugura um espaço relacional pleno de conseqüências. O destaque, em Barthes,

---

[8] Barthes, R., *op. cit.*, p. 77.

[9] Barthes, R. (1993). *O prazer do texto*. São Paulo: Perspectiva, p. 24-25.

[10] Barthes, R. (1988). Da leitura. In: *O rumor da língua*. São Paulo: Brasiliense, p. 44.

é precisamente discriminar esse *topos* e tentar refletir sobre ele, quer dizer, tornar o ato de leitura e suas conseqüências um objeto de pesquisa e, dessa forma, perguntar-se pelas possibilidades de exegese do ato de leitura. Dois pontos parecem importantes. O primeiro diz respeito à relativização do que denomina uma *anagnosologia*, sua impossibilidade; o segundo refere-se à inserção da idéia de *desejo do leitor*.

> (...) podemos também supor que a *im-pertinência* é de certo modo congênita à leitura: algo, estatutariamente, viria a atrapalhar a análise dos objetos e dos níveis de leitura, e poriam assim em xeque não só toda a busca de uma pertinência na Análise da leitura (...). Esse algo, creio posso dar-lhe nome (de modo até banal): é o Desejo. É porque toda leitura é penetrada de Desejo (ou de Repulsa) que a Anagnosologia é difícil, talvez impossível – em todo caso, que ela tem possibilidade de efetuar-se onde não a esperamos, ou pelo menos não *exatamente* onde a esperamos: por tradição – recente – nós a esperamos do lado da estrutura; e sem dúvida temos, em parte, razão: toda leitura passa pelo interior de uma estrutura (mesmo que múltipla, aberta) e não no espaço pretensamente livre de uma pretensa espontaneidade: não há leitura "natural", "selvagem": a leitura não *extravasa* da estrutura; fica-lhe submissa; precisa dela, respeita-a; mas perverte-a. A leitura seria o gesto do corpo (é com o corpo, certamente, que se lê) que, com um mesmo movimento, coloca e perverte a sua ordem: um suplemento interior de perversão.[11]

É ao campo do desejo que Barthes associa as possibilidades de produção que o ato de leitura poderia ter. Não uma leitura qualquer, quer dizer, um ato de "leitura instrumental", mas um gesto que inaugura um escrito como texto, e que provoca o que

[11] Barthes, R., *op. cit.*, p. 45.

esse autor denominará *escritura*.[12] Trata-se, no dizer de Barthes, duma aventura,

> (chamo de aventura a maneira como o prazer vem ao leitor): é, se assim se pode dizer, a da Escritura; a leitura é condutora do Desejo de escrever (estamos certos agora de que há um gozo da escritura, se bem que ainda nos seja muito enigmático). Não é que necessariamente desejemos escrever *como* o autor cuja leitura nos agrada; o que desejamos é apenas o desejo que o escritor teve de escrever, ou ainda: desejamos o desejo que o autor teve do leitor enquanto escrevia, desejamos o *ame-me* que está em toda escritura (...). Nessa perspectiva a leitura é verdadeiramente uma produção: não mais de imagens interiores, de projeções, de fantasias, mas, literalmente, de *trabalho*: o produto (consumido) é devolvido em produção, em promessa, em desejo de produção, e a cadeia dos desejos começa a desenrolar-se, cada leitura valendo pela escritura que ela gera, até o infinito.[13]

Assim, o termo *escritura* é a escrita do escritor. Nesta Aula, ele propõe o uso indiferenciado de *literatura*, *escritura* ou *texto*, para designar todo discurso em que as palavras não são usadas como instrumentos, mas postas em evidência (encenadas, teatralizadas) como significantes. Toda escritura é, portanto, uma escrita; mas nem toda escrita é uma escritura, no sentido barthesiano do termo.[14]

Desta maneira, a escritura representa uma operação epistêmica: condensa um gesto de leitura (ato que transforma o escrito lido em texto) que transmite ao leitor a particularidade

[12] Quanto à utilização do termo escrita e escritura, em português, os tradutores de Barthes optaram por manter *escrita* para *écrite* e *escritura* para *écriture*. Como veremos logo a seguir, o termo escritura ganha outra dimensão na teorização de Barthes.

[13] Barthes, R., Da leitura, *op. cit.*, p. 50.

[14] Perrone, Leyla (1992). Moisés *apud* Roland Barthes. *Aula*. 6. ed. São Paulo: Cultrix, p. 75.

do desejo que atravessa o texto, especialmente sobre o desejo de escrever, e o relançamento do movimento desse desejo particular em outro escrito.

Podemos pensar na transmissão do "desejo do escritor", ao modo do "desejo do analista". "Desejo do escritor" que diferenciamos do "desejo de *um* escritor". Esse *um* apontando à particularidade do desejo de *um* escritor em particular. Esta é uma discriminação da particularidade do desejo em relação à escrita que tentamos fazer a partir da discriminação lacaniana do "desejo *do* analista", "desejo de *um* analista" e de "desejo de *ser* analista". Sendo que o "desejo do escritor" visaria às condições de enunciação do sujeito, enquanto leitor, perante o texto:

> Foi o que disse claramente o escritor Roger Laporte: "Uma pura leitura que não chame uma outra escritura é para mim algo de incompreensível... A leitura de Proust, Blanchot, de Kafka, de Artaud não me deu vontade de escrever a respeito desses autores (tampouco, acrescento, *como eles*), mas de *escrever*".[15]

Dessa forma, o surgimento do contraste entre o *ato da escrita* e o *gesto da escritura* constitui uma operação complexa. Uma leitura particular transformadora do escrito em texto é motivadora, ao mesmo tempo, do desejo de escrever, ponto que possibilita renovar o ciclo a partir de um novo escrito, relançador do circuito. É através desse movimento que Barthes concebe a *escritura* como um campo metodológico, um exercício que permite, pelos próprios efeitos do significante, a descoberta e o conhecimento.

> A "pesquisa" é então o nome prudente que, sob a imposição de certas condições sociais, damos ao trabalho de escritura: a pesquisa está do

[15] Barthes, R., Da leitura, *op. cit.*, p. 50.

> lado da escritura, é uma aventura do significante, um excesso da troca; é impossível manter a equação: um "resultado" *por* uma "pesquisa". Eis por que a fala a que se deve submeter uma pesquisa (ensinando-a), além da sua função parenética ("Escreva"), tem como especialidade trazer a "pesquisa" à sua condição epistemológica: ela não deve, busque o que buscar, esquecer a sua condição de linguagem – e é isso que lhe torna finalmente inevitável encontrar a escritura. Na escritura, a enunciação frustra o enunciado sob o efeito da linguagem que o produz: isso define bastante bem o elemento crítico, progressivo, insatisfeito, produtor, que o próprio uso comum reconhece à "pesquisa". É esse o papel histórico da pesquisa: ensinar ao cientista que ele *fala* (mas se ele o soubesse, *escreveria* – e toda a idéia de ciência, toda a cientificidade ficaria assim mudada).[16]

Assim, a função parenética, essa função ordenadora e exortativa, eleva o gesto de escrever ao estatuto metodológico mínimo na teorização de Barthes. Esse imperativo "escreva", com possibilidades categóricas, sustenta-se numa outra necessidade imperativa e implícita no método: "leia" disponível à emergência do desejo.

O que poderíamos chamar de "subversão barthesiana" confirma-se no movimento de seu trabalho: trata-se de reformular, dar novas conotações aos significantes corriqueiros, o que nos obriga a falar do conceito de leitura, escritura, escrita em Barthes. Ou seja, temos aí o redimensionamento do significante através de uma pesquisa sobre a linguagem, mas realizada desde seu interior. Poderíamos pensar numa pesquisa "em ato" ou, com Jacques Lacan, num movimento próximo ao *ver-se ver,*[17] no qual a

---

[16] Barthes, R. (1988). Escritores, intelectuais, professores. In: *O rumor da língua*. São Paulo: Brasiliense, p. 319.

[17] A seguinte citação imaginariza este aspecto onde os limites entre sujeito e objeto se confundem: "Em frente à minha casa, do outro lado da rua, na altura de minhas janelas,

dicotomia sujeito-objeto se esfacela. O método difere da conotação usual como caminho para atingir um objetivo. Nesse sentido, constitui-se verdadeiramente numa pesquisa, em que o objetivo é desvelado no movimento contínuo de busca, em que o objeto, como fim, apresenta-se perdido.

> Assim, é constante que um trabalho que proclama continuadamente a sua vontade de método seja finalmente estéril: tudo passou para o método, nada mais resta para a escritura; o pesquisador fica repetindo que o seu texto será metodológico, mas esse texto nunca chega: nada mais seguro, para matar uma pesquisa e fazê-la juntar-se ao grande lixo dos trabalhos abandonados, nada mais seguro do que o Método.
> O perigo do Método (de uma fixação ao Método) vem do seguinte; o trabalho de pesquisa deve atender a duas demandas; a primeira é uma demanda de responsabilidade: é necessário que o trabalho aumente a lucidez, chegue a desmascarar as implicações de um procedimento, os álibis de uma linguagem, constitua afinal uma *crítica* (lembremos mais uma vez que *criticar* quer dizer: pôr em crise); o Método é aqui inevitável, insubstituível, não por seus "resultados", mas precisamente – ou pelo contrário – porque realiza o mais alto grau de consciência de uma linguagem *que não esquece a si mesma*; mas a segunda demanda é de ordem muito diversa: é da ordem da escritura, espaço de dispersão do desejo, onde dispensa é dada à lei; é preciso, então, *em dado momento*, voltar-se conta o Método, ou pelo menos tratá-lo sem privilégio fundador, como uma das vozes do plural: como uma *vista*, em suma, um

há um apartamento aparentemente vazio, no entanto, uma vez ou outra, como nas melhores novelas policiais, ou mesmo fantásticas, uma presença, uma luz dentro da noite, um braço que abre ou fecha uma janela. Não vejo ninguém, olho, escuto, chego à conclusão de que não sou olhado – e deixo abertas as minhas cortinas. Mas, talvez seja exatamente o contrário: talvez eu seja, sem cessar e intensamente olhado pelo que está *escondido*. A lição a se tirar daqui seria que à força de olhar, talvez nos esqueçamos de que também somos olhados. Ou então no verbo 'olhar', as fronteiras do ativo e do passivo não são nítidas". Barthes, R. (1990). *O óbvio e o obtuso*. Rio de Janeiro: Nova Fronteira, p. 278.

espetáculo, encaixado no texto; o texto, que é, afinal de contas, o único resultado "verdadeiro" de qualquer pesquisa.[18]

Como vemos, o desafio metodológico barthesiano é a articulação, no escrito, de dois momentos: um diz respeito à responsabilidade crítica e metodológica, e o outro refere-se ao lugar onde o escritor – entendido como o lugar que visa à possibilidade de uma *escritura* – articula seu desejo em relação ao *ato de escritura*, implicando a construção do ensaio, "gênero incerto onde a escritura rivaliza com a análise".[19] Tal rivalidade não exclui a cumplicidade, na medida em que ambos os aspectos evidenciam-se na *escritura* como momentos do entrelaçamento textual. No caso, "(...) a operação fundamental desse método de desprendimento é, ao escrever, a fragmentação, e ao expor, a digressão ou, para dizê-lo por uma palavra preciosamente ambígua: a *excursão*".[20] Essa operação fundamental, a excursão, está permeada da ambigüidade que o significante veicula, constitui-se num caminho ou passeio – curso – mas, ao mesmo tempo, a partir do prefixo *ex*, sugere a solicitação ao abandono, à deriva discursiva e às suas possibilidades de descoberta, o *ex* assinalando o que está fora de lugar, *ex*-curso, fora de curso.

Vemos que a reflexão barthesiana sobre a escrita pretende revelar os interstícios de um ato estético, mas fundamentalmente epistêmico, produtor de conhecimento: o gesto de pesquisa que articula a leitura e seus efeitos: a *escritura*. "Em outras palavras, interrogar minha própria leitura é tentar captar a *forma* de todas as leituras (a forma: único lugar da ciência), ou ainda; chamar uma teoria da leitura".[21]

---

[18] Barthes, R., Escritores, intelectuais, professores, *op. cit.*, p. 322.

[19] Barthes, R. (1992). *Aula*. 6ª. ed. São Paulo: Cultrix, p. 7.

[20] Barthes, R., *op. cit.*, p. 44.

[21] Barthes, R., *O rumor da língua, op. cit.*, p. 40.

Finalizando, o leitor, com todo direito, poderá se perguntar pelo *inconsciente* do título; de que forma se articula ao exposto até aqui. Sem dúvida, a referência ao *desejo* veicula essa dimensão; no entanto, creio que antes devemos pensar na presença e no reconhecimento desse desejo. Lembremos que Lacan afirma que o desejo é sua interpretação, ou seja, seu reconhecimento não é alheio à sanção por parte do Outro. Quer dizer, sem formalização e sanção, não haveria desejo. No meu entender, e pelo exposto, a escrita quando se condensa num gesto inaugural e de desprendimento, à disposição do Outro, transforma-se num terreno fértil ao significante e seus efeitos, um lugar de palavra plena. Por isso, e sem chegar à *escrita automática* dos surrealistas, embora a reconhecendo como antecedente, no sentido de desprendimento operado nessa experiência, proponho um método em que esteja presente um primeiro momento de uma escrita *semi-automática* a serviço do inconsciente, no sentido de próxima do *processo primário* para logo depois recorrer à ordem consciente e partilhada, *processo secundário*, que convoca a ortografia e gramática compartida. Resumindo: escrever, escrever, escrever... e reescrever, dispostos à surpresa daquilo que não pensávamos, sem resistir à emergência do inédito, porque inesperado: o saber que habitava, calado, em nós.

A linguagem e o real

Wladimir Garcia

I

Propomos, como ponto de partida, pensar a deriva significante, contraditória, ambígua e reflexiva entre real, realidade, realismo e escritura em Roland Barthes. Aquilo que aparece já no primeiro Barthes, de *O grau zero da escritura*, e se estende ao longo da sua obra como um objeto-problema que discute questões de estética, sociologia, filosofia da linguagem, psicanálise, literatura, fotografia, cinema. Após abrirmos a possibilidade de o real traduzir-se como "irrealismo" na linguagem, pensaremos a escrita em Derrida na sua tripla articulação: crítica às instâncias do próprio, suplemento e experiência.

Já na introdução do *Grau zero*, a realidade vincula-se a uma alteridade, a uma outra realidade: "o que pretendemos aqui é esboçar esta ligação, afirmar a existência de uma realidade formal independente da língua e do estilo",[1] dando margem para pensarmos uma ética da linguagem, uma espécie de terceira dimensão formal, que ligaria o escritor à sociedade. Esta realidade formal é vinculada à potência do neutro ou grau zero, como uma escritura que resiste à marcação ideológica, ou seja, a pureza na ausência de qualquer signo, o sonho órfico do escritor sem literatura. O estilo como um segredo, como uma operação supraliterária, limiar de

[1] Barthes, R. (1974). *Novos ensaios críticos/ O grau zero da escritura*. São Paulo: Cultrix, p. 120.

potência e magia, dá consistência aos fragmentos de uma realidade estranha à linguagem, fora do pacto que liga o escritor à realidade.

Fora dela, a escritura constitui-se como uma realidade ambígua: se ela nasce, por um lado, do confronto do escritor com a sociedade, por outro ela remete o escritor para as fontes materiais de sua criação, ou seja, a dimensão de uma linguagem livremente produzida. São a escolha e a responsabilidade de uma escritura sob a pressão da história que constituem uma liberdade, essência de uma ética. Quando definida politicamente, a escritura reuniria a realidade dos atos e a idealidade dos fins. Assim, inchada, a escritura revolucionária e o realismo revolucionário, vão, de fato, apenas fazer um talhe, um figurino da realidade, mediante, paradoxalmente, uma inflação de signos que produz fechamento formal. É uma escritura do conhecimento, realismo na sua forma mais ingênua.

A escritura do regime como uma escritura policial, a exemplo de um cinema pedagógico no sentido mais doutrinário do tema, faz coincidir, segundo Barthes, de forma mais fraudulenta, o fato com o seu avatar mais remoto, dando à justificativa do ato a caução da sua realidade. Antecipadamente à teoria, aqui a realidade é apresentada como construída pelo discurso.

No âmbito do romance histórico e no discurso da história o uso do passado simples indica a expressão de uma ordem e, logo, de uma euforia. Isto torna a realidade nem misteriosa, nem absurda, mas clara, familiar. O mundo torna-se, pelo discurso literário ou fílmico (o caso do documentário de tese ideológica), um conjunto de relações coerentes, pois, como lembra Barthes,

> quem conta o mundo tem o poder de recusar a opacidade e a solidão das existências que o compõem, pois pode dar provas a cada frase de uma comunicação e de uma hierarquia dos atos, pois, afinal de contas, tais atos podem ser, eles próprios, reduzidos a signos.[2]

[2] Barthes, R., *op. cit*, p. 134.

Tais signos "significam" um ato criador e uma criação, constituem o sistema de segurança mitológico da sociedade, e a arte fica, neste caso, sendo valor de uso, quando sua força e potência, para lembrar Bataille, a contrapelo, é oferecida como uma dispensa inútil. Ao contrário do pressuposto potencial do neutro, a realidade nesse caso se apequena e se torna familiar.

A realidade, como uma sociedade, aparece então, no caso das escrituras neutras, como um objeto inerte, sobre a qual o criador só poderia ter acesso pela sua arte de dispor signos. Isto viria bem depois do realismo, onde a escritura está longe de ser neutra, já que a sua marca é a inflação de signos espetaculares da fabricação. Em ambos os casos, a passividade é operada pelo excesso de signos e pelo seu artesanato formal. Neste contexto, a escritura enfrenta o dilaceramento da linguagem e o dilaceramento das classes, precipitando-se para uma linguagem sonhada, cujo frescor representaria a perfeição de um novo mundo adâmico em que a linguagem não seria mais alienada. É em meio à multiplicação das linguagens que a literatura se torna a utopia da linguagem.

Temos que a realidade, como matéria discursiva, é sempre circunscrita por uma escritura, naquilo que Barthes chamou em outro lugar de guerra de linguagens.

Bem antes de Barthes ter contato com o aparelho psíquico, tal como apresentado em Lacan, onde o real é definido em relação aos registros do simbólico e do imaginário, como aquilo que é expulso da realidade pela intervenção do simbólico, ele trata o termo distintamente daquilo que a filosofia chamaria meramente de "representação do mundo exterior". O real, num movimento análogo ao retorno fantasmático do autor, volta na realidade: definido como impossível, o real não pode ser simbolizado totalmente na palavra escrita.[3] O real seria, ao gosto pós-estruturalista,

---

[3] Barthes, R. (1985). *O rumor da língua*. São Paulo: Brasiliense.

um resto, uma "excedência". O real não é aquilo que se vê e que se representa, mas aquilo que não cessa de não se "escrever", derivando Lacan. Nos ensaios de análise de sistemas de signos culturais que constituem as mitologias, o real aparece como esta potência ou "excedência", marcado, domesticado, pelos movimentos midiáticos. Nestes fenômenos de construção, apresenta-se uma natureza unívoca, onde os signos correspondem às causas, com uma ênfase na inteligibilidade perfeita do real. O real confunde-se, entretanto, aqui e ali, como essência da realidade, ou como adjetivo, como propriedade da realidade (como na frase "o intelectual afasta-se do real"). Os fenômenos de representação do real, tal como a astrologia, lembra Barthes, colocam-se como criação inesperadamente realista, na medida em que associados a um meio social preciso, o das leitoras de revista. Seriam puro espelho, pura instituição da realidade. O mais estranho e paradoxal é que o real é apresentado como aquilo que é exorcizado pela nomeação, o que supõe que a sua instância mais terrível e assombrada é o fato de que possa ser inominável. Como instituição retardada do real, os astros morais, no exemplo isolado, constituem uma semi-alienação que objetiva o real, sem desmistificá-lo. O mito é apresentado como um meio de comunicação, não como um conceito. É um modo de significação. Naqueles anos, Barthes vai entender que é a história que transforma, na sua ação seletiva, o real, a reserva de signos, em discurso, imagem realizada em vista de uma significação. Em suma, uma redução ou uma ilusão do real.

Quanto ao conceito, este sofre o impacto da máquina desmitologizante barthesiana: como sedimentação histórica, o que se investe no conceito é menos o real, do que um certo conhecimento do real. Reduzida, ao passar do sentido à forma, a imagem perde parte do seu saber, tornando-se disponível ao saber do conceito. Como valor semiológico, a linguagem do escritor não estaria encarregada ingenuamente de representar o real, mas de o significar.

O real é ainda tomado em "A burguesia como sociedade anônima"[4] como uma anti-*physis* (o real como irreal), que sofre na sociedade burguesa uma passagem ao ideológico, tomado como pseudo-*physis*. Nesta sociedade há um campo privilegiado para as significações míticas. Este mundo fornece ao mito um real histórico, autodeterminado, definido pelos modos de produção humanos. O mito relaciona-se com o real, produzindo uma imagem natural deste. Naturalização ou neutralização: as coisas perdem a lembrança de sua produção. A função do mito, finalmente, como signo externo, como nível simbólico social, é evacuar o real. Nos termos de Barthes, uma hemorragia, um escoamento incessante, uma evaporação, uma ausência sensível daquilo que não consegue deixar de não nomear. Neste sentido, vai operar uma reversão: se o mito como metalinguagem é sempre uma fala despolitizada, o real é sempre político na sua força selvagem, ainda que perfeitamente apreensível, significável, simbolizável. Se, insiste, a fala do oprimido é real, é porque o real como categoria do sensível é sempre transitivo, é *physis* frente à artificialidade dos mitos totalitários. Em situações tautológicas como esta – o mesmo pelo mesmo – é que o real vinga-se contra a linguagem, uma afasia salutar, a contra-representação indignada dos direitos do real.

O mito, desta forma, compreende o real por um preço reduzido: ao fazer economias da inteligência, reduz toda a qualidade a uma quantidade. Redefine-se, portanto, o real pela compreensão da redução burguesa, que, pelo viés mítico-ideológico, transforma continuamente os produtos da história em tipos essenciais, injetando no Real uma essência purificadora que lhe

[4] Barthes, R. (1985). *Mitologias*. São Paulo: Difel.

interrompe a transformação, a fuga para outras formas de existência. Como diz Barthes, este real, tornado assim fixo e rígido, será enfim computável, pois o objetivo dos mitos é imobilizar o mundo. A pseudo-*physis* "burguesa" proíbe radicalmente ao homem de inventar-se. O que o mito eterniza é o uso, e este uso é controlado, administrado.

Por fim, restam os riscos do mitólogo: fazer desaparecer o real que ele pretende proteger, pelo processo de ideologismo. Neste, nos regimes totalitários, o real como linguagem é alienado por uma amputação, não por uma síntese. O drama que este primeiríssimo Barthes esboça em relação, por exemplo, aos rumos da psicanálise e da análise do discurso, é declarado: ou estabelecer a existência de um real inteiramente permeável à história, mas ideologizado; ou estabelecer a existência de um real finalmente impenetrável, irredutível, mas poetizado. Não há síntese entre ideologia e poesia, como procura do sentido inalienável das coisas. Neste sentido, por não conseguirmos ultrapassar uma apreensão instável do real, estamos condenados a falar excessivamente do real, de viver na sua natureza paradoxal e indecidível: "pois se penetramos o objeto, libertamo-lo, mas destruímo-lo; e se deixamos o seu peso, respeitamo-lo, mas devolvemo-lo ainda mistificado".[5] Entretanto, Barthes ratifica a sua utopia da linguagem, sua litoralidade, ou lateralidade: a reconciliação entre o real e os homens, a descrição e a explicação, o objeto e o saber. Ironicamente, confessa que ao tratar sobre a evaporação mítica do real, tornou-o espesso; descobrindo-o compacto, terminou por psicanalisar os objetos míticos.

Fica posto que a crítica de Roland Barthes ao realismo passa, evidentemente, tanto pela sua percepção da operação redutora da escritura sobre a realidade, como pela ambivalência

[5] Barthes, R., *Mitologias, op. cit.*, p.178.

da configuração do Real. Poder-se-ia pensar que Barthes propõe um neo-realismo (ou realismo irreal da linguagem) ao escrever, diferenciando os realistas (particularmente os paradigmáticos Flaubert e Balzac) e os realismos. Vale lembrar que nos *Ensaios críticos*, do início dos anos 60, critica, em "A atividade estruturalista", o realismo ao afirmar que "não é a natureza do objeto copiado que define uma arte (preconceito tenaz de todos os realismos), mas o que o homem acrescenta ao reconstruí-lo – a técnica é o próprio ser de toda a criação".[6] Contudo é em "A literatura hoje", que esta crítica aparece mais articulada com a idéia de Real, mais clara e categórica: "Entretanto, o que é o real? Não o conhecemos nunca senão sob forma de efeitos (mundo físico), de funções (mundo social) ou de fantasmas (mundo cultural); em suma, o real nunca é ele próprio mais do que uma inferência; quando se declara copiar o real, isto quer dizer que se escolhe tal inferência e não tal outra: o realismo está, em seu próprio nascimento, submetido à responsabilidade de uma escolha...".[7] Sendo linguagem, a literatura é também o descontínuo, a seleção e a sua lógica interna. Com relação aos objetos, contudo, ela é irrealista:

> longe de ser cópia analógica do real, a literatura é pelo contrário a própria consciência do irreal da linguagem: a literatura mais verdadeira é aquela que se sabe mais irreal, na medida em que ela se sabe essencialmente linguagem... servindo-se do mundo como conteúdo (este conteúdo é aliás estranho à sua estrutura, isto é, a seu ser), explorará o mais profundo possível a realidade irreal da linguagem.[8]

---

[6] Barthes, R. (1970). *Crítica e verdade*. São Paulo: Perspectiva, p.52.

[7] Barthes, R., *op. cit.* , p. 78.

[8] Barthes, R., *op. cit.*, p.79.

A longa citação faz orbitar, num só tempo, em vários planos espaciais, o que nos interessa aqui em relação à linguagem: sua realidade irreal, as rupturas que opera na representação, pois, para além da ilusão do real que esta provocava, está a realidade do discurso, a naturalização do artifício, o infinito da escrita.

A abertura da possibilidade viva da escrita, esta matéria móvel, dobrável e desdobrável, permite-nos pensá-la, por exemplo, como crítica à presença, como suplemento e experiência, numa zona transitiva e intensa entre Barthes e Derrida, entre escritura e escrita.

II

O predomínio do significante fônico vai marcar tanto o pensamento filosófico como a lingüística, onde a escrita fonética privilegiada por Saussure reafirma a condição de secundaridade da língua escrita, o que Derrida desmonta, ao rever, por exemplo, no próprio Saussure, a condição de suplementaridade do escrito, tomado em um sentido mais geral, não restrito à oposição com a fala.

É na crítica ao fonocentrismo de raízes miméticas da tradição ocidental que a escrita emerge não somente como um termo parasita naquela oposição, mas como o perigoso suplemento que Derrida encontra reprimido na leitura que faz de Rousseau. Tal subordinação, ao lado de outras, da escrita à "naturalidade" da fala, fundamenta aquilo que Derrida costuma chamar de "metafísica da presença". A escrita, como suplemento, não é restrita a marcas gráficas ou a alguma forma de formalismo textual, mas é uma escrita generalizada – *archi-écriture* –, a qual, nos termos de Derrida, inclui todos os sistemas de linguagem, cultura e representação que excedem o alcance da razão logocêntrica. Nós poderíamos relembrar aqui o termo *pharmakon* e suas propriedades paradoxais de remédio e veneno, a dupla face da escrita, como cura e perigo.

Para Derrida, há traço de traço, cópia de cópia: o mímico imitando nada, não reproduzindo qualquer coisa, ainda que "performando", o que evita o ato de desaparecer na produção de uma verdade. Um ato constituído desta forma, não aludindo a qualquer coisa, apenas antecipa que ele é um duplo em si mesmo, idéia mesma da desconstrução. Trata-se, vale insistir, de uma referência sem referente, ou uma diferença sem referente. O que resulta é uma estrutura de imitação sem a interpretação metafísica platônica, pela qual há sempre, em algum lugar, um ser sendo imitado. O que temos, a despeito de uma precisão de escrita, é um evento em que o imitador perde o imitado, onde nada acontece, senão um simulacro que é transgressão e uma transgressão que é simulacro, configurando uma estrutura que efetua sua própria possibilidade. Por conseguinte, esta operação não pertence a um sistema de verdade no qual há uma tradicional adequação entre presença e representação. Seria esta, a meu ver, uma distinção fundamental entre Derrida e Lacan, entre o traço sem origem e a dialética furada da formação de um sujeito cindido entre sentido e desaparecimento.

Passados os anos, verificou-se certa pressa em descontextualizar colocações de Derrida como aquela de que não há nada fora do texto (insuficiente tradução de "*Il n'y a pas de hors-texte*"). A expressão, antes de afirmar algum tipo de idealismo transcendental ou credo solipsista, contra o que muitos dos textos de Derrida se constroem, simplesmente aponta para as propriedades suplementares da escrita e, sobretudo, para o fato de que nós não poderíamos ter acesso à realidade sem as categorias, conceitos e estruturas de representação que fazem tal acesso possível. Tal contradição é mesmo evidenciada nos textos da tradição metafísica, nos quais o suporte de toda a representação é a série retórica da escrita. Tal estratégia de leitura que retira para fora de um sistema aquilo que converge com a obsessão pelo suplemento, como no caso da metáfora, revela a fragilidade da oposição literal/figurado ou, numa instância mais molar, filosofia/arte. A escrita, ou *arqui-escritura*, em Derrida, vai ser potencializada como ruptura daquela economia mimética, capaz de estabelecer uma relação diferenciada entre arte, significado e verdade.

Em outros termos, a leitura e a escrita debatem-se com a mímica e com a referencialidade e que implicaria a redução do texto a algo fora de si (o histórico, o psicobiográfico), numa impossível transgressão do texto sem o texto. Neste com-texto, Derrida afirma não haver o fora do texto, considerando que a "vida" analisada pela leitura, ou mesmo o além do texto, é possível justamente pela escrita. Sendo assim, Derrida estende-se ao afirmar que não tem existido nada além de suplementos, entendidos como "significações substitutivas que só puderam surgir numa cadeia de remessas diferenciais".[9] O real emerge ao assumir o sentido de um traço e ao chamar outro suplemento. A escrita, neste sentido, abre a linguagem e o significado pelo desaparecimento de uma presença natural. Importante observar como tal reafirmação do texto não pode ser confundida com uma idéia de que coisas externas ao texto não existem, o que implicaria uma nova forma de transcendentalismo, nem tampouco isto significa qualquer forma de imanência oposicional com uma exterioridade (reinstalando a fronteira dentro/fora que Derrida problematiza). Tal afirmação dever ser articulada na escrita, à qual ela pertence.

[9] Derrida, J. (1973). *Gramatologia*. São Paulo: Perspectiva, p. 194.

III

Admite-se, é fato, o inacabado da escrita, uma conversa infinita para Blanchot, mas há certas ilusões de descontínuo, como o inacabado da recolha de fragmentos (onde há um acabamento formulativo) ou mesmo os aforismas (pequeno contínuo pleno). Na retórica tradicional há sempre um desenvolvimento que alimenta o orgânico, produzindo um efeito tranqüilizador (um "pequeno número de idéias bem desenvolvidas"). A resistência a isto é o detalhe elevado à categoria de estrutura, em que as idéias não são desenvolvidas, mas distribuídas.

A idéia de *suplemento* e uma teoria da escrita designam, assim, uma textualidade em abismo. O desejo por presença nasce também daí, da exorbitância do suplemento pelo abismo da representação, da representação do abismo da presença. A direção é para fora da órbita metafísica e das oposições que engendra, como filosófico/não filosófico.

Por isso, no sistema platônico, a boa *mimesis* é fiel na sua reprodução e a má *mimesis* implica a loucura e nocividade do jogo. Temos um processo de reflexos em que fala e escrita copiam e repetem uma à outra. Nesta representação da verdade, o que se forma é suplemento de suplemento, uma vez que a verdade é a fiel imagem do *eidos*, da coisa sensível, da inteligibilidade visível.

Resta salientar a relação que tal problematização possui com a escrita, pelo seu grande poder de formalização no processo de marcar e remarcar. Isto lembra que o "entre", ainda que no singular, implica necessariamente uma pluralidade pela noção de relação entre coisas e não entre dois termos isolados. Em relação à leitura e à escrita isto adiciona uma idéia de extensão pela suplementaridade. Considerando o que nomeia a literatura, o que temos aqui é a formação de pouca ou nenhuma literatura, visto a ausência de uma essência do literário, literário-ser ou ser-literário. O "hímen" alude a uma tela e a um espelho, onde o leitor lê enquanto é lido, tornando-se impossível fixar um lugar para o sujeito. O que o "hímen" remarca é o espaço entre leitor e texto, aquilo que Derrida chama a "economia da sedução" vinculada à suplementaridade.

A escrita, no tratamento que Derrida dá ao literário, torna-se "inaugural", na medida em que libera o significado de seu contexto, tornando-o indecidível e imprevisto. Além disto, ao suspender uma referência imediata, a literatura é desvinculada das suas nuanças mais instrumentais e refere-se a si numa relação essencial com o nada. O escrito é então lido pelas ressonâncias desde o ato de inscrição, ou seja, é uma questão do envolvimento de um outro.

Se há a emergência de uma essência aqui (outro termo recorrente, que aponta para um espaço de uma escrita que ensaia e *performa* a sua transitória presença não absoluta) essa seria a possibilidade de uma outra pluralidade que se diferencia de uma polissemia pré-determinada.

IV

Escrever é ser desmembrado. É metamorfose. É abertura de um futuro que nunca começou. Isto é: uma potência na incerteza, no jogo infinito da escritura. A escrita até mesmo na pele como extensão do corpo: conforme o filme, olhando para o seu peito, o personagem consegue ver as formas, mas não focalizálas, então ele olha para o espelho em cima dele... O resto da parte de cima de seu tronco está coberto de palavras, frases, pedaços de informações e instruções, todas escritas para trás nele, e para frente no espelho.

Considere-se que o texto fala de singularidade e generalidade, permanecendo único ao tratar de ambos. Ele instala-se na relação entre sua unicidade e repetição. No duelo que se estabelece entre leitura (como repetição do singular) e escrita (como traição do singular), o texto é respeitado pela invenção de uma outra assinatura também singular. Logo, ao se falar do novo singular, deve-se ter em mente aquela repetição, a presença inevitável de uma pré-convenção. O que resulta não pode ser confundido com imitação, reprodução ou metalinguagem: ao dizer "sim" ao que estava antes, o outro anuncia a possibilidade de seu nascimento. A lei do anterior só pode ser inaugurada na expectativa de uma contra-assinatura.[10]

Do rastro ao traço: este traço de incisão, por não ser autônomo, por ser nada, inscreve-se também nesta estrutura de retirada, de ocultamento enquanto abertura, divergência. De uma forma mais radical, dir-se-ia que sua inscrição acontece na medida em que é apagado. O "re" do re-traço vai estabelecer com violência a repetição da incisão. Tal movimento de incisão é, portanto, *performativo* de sua própria escrita (incisão), sendo cortado (arado) em si mesmo. A incisão abrange os traços que se articulam em aberto, num espaço (campo). O traço de incisão reúne, ao mesmo tempo em que se retira, a retirada e a retirada da retirada. Os traços se sucedem, portanto, ao se apagarem um no outro e, ao mesmo tempo, reinscrevendo-se lá.

Na esteira do texto como tecido plural barthesiano, poderíamos pensar numa tecelagem de vozes, para lembrar a expressão de Ruth Brandão.[11] O texto é então um lugar de escuta de muitas vozes, onde ocorrem encenações e delegações de vozes, modo da

---

[10] Derrida, J. (1992). *Acts of literature*. London: Routledge.

[11] Brandão, Ruth S. (1996). *Literatura e psicanálise*. Porto Alegre: Ed. da Universidade/UFRGS.

ficção enunciar-se como tal, como um tecido polifônico. Esta escuta captura os ritmos, as marcas, as pausas e os silêncios, assim como os ruídos, ecos e ressonâncias. A leitura como nova escrita configura-se como tradução do recalcado de cada texto, dos seus hieróglifos e jogo de significantes. Há uma cena da escrita que se forma a partir do registro babélico, do abismo dos significantes e do labirinto das significações.

Sendo assim, a experiência de escrita abre espaço, a partir de novas situações, para eventos singulares, ou seja, alguma coisa nova é *performada* como ato de escrita. Tal experiência, ainda que se considere que a trilha resultante contorne, muitas vezes, as delícias do dado pela tradição, é vinculada àquilo rudemente traduzido por prazer (*jouissance*). Identifica-se uma escrita capaz de jogar, ainda que o jogo não seja redutível a ela.

O lugar que nos encontramos é o texto no qual nós acreditamos estar. Pode-se pensar, portanto, numa desconstrução de si mesmo como num processo indefinido de suplementaridade e escrita que designa uma textualidade em abismo. Esta necessidade estrutural forma-se no abismo da representação, na representação da representação, a qual admite, por sua vez, o surgimento da presença.

Por não permitir ser fechada pela economia do mesmo, a escrita abre-se para o outro, para a *performatividade* do outro, capaz de desestabilizar as condições de *performatividade*, especialmente naquilo em que esta se distingue da constatação. Esta diferença provocada pelo outro não combate ou rejeita o conceito clássico de invenção, simplesmente porque resiste a tornar-se significado ou verdade. Aquela reinvenção não demanda nenhum horizonte de apropriação ou legitimação institucional, na medida em que se situa além do possível, e este é o seu perigo maior. Trata-se de um movimento voltado para o futuro: permitir a aventura ou evento do outro por vir, o qual não se confunde com nenhuma totalização de um passado presente, nem tampouco é o absolutamente novo, mas, por reconhecer repetição e memória, coloca-se além da convenção. Em última análise, porque o outro não é inventável, o próprio chamado do outro é um chamado por vir, como multiplicidade.

A literatura, então, afirma-se como uma experiência de insatisfação que desafia a afirmação de sua essência. Vale dizer que, na operação da sua escrita, um texto pode ser mais poderosamente desestabilizador de preceitos metafisicos do que explicitamente por meio de argumentação. Há efeitos paradoxais produzidos pela audácia da escrita que podem tornar um texto perturbador a despeito de sua proposta temática, apresentando mais força do que um texto revolucionário, preservado numa espécie de neo-academicismo, por exemplo.

Vale notar que a escrita enquanto economia da *différence* realiza-se como a apagada forma de origem e presença, colocando-se antes da metafísica e do Ser, que se realizam dentro dos limites da presença. A literatura seria, neste caso, reapropriação da presença e da natureza. A escrita emerge aí no momento de degeneração da presença e da cultura, suplementando a fala na forma não natural da imagem ou representação. O perigo reside justamente no fato de que a escrita impõe-se como presença, adiciona, a fim de substituir. Entretanto, sua negatividade emerge pelo fato de que não procede da natureza, ela é insuficiente a seu modo. O que é suplementar acrescenta, desta forma, perversidade na sua adição. Não sendo irracional, uma vez que suplementa a natureza, o suplemento é perigoso à saúde da razão.[12] Por prometer a si mesmo como presença só para retirar-se, o suplemento não é presença ou ausência, ele funda a sua economia num espaço intermediário, anterior e posterior.

[12] Derrida, J., *Gramatologia, op. cit.*

O efeito é um deslocamento da história e de suas pretensões objetivas, resultando em uma experiência inventiva mais significante ainda. Ou seja, haveria uma historicidade radical na possibilidade de uma *performatividade* singular na escrita. Vale dizer, a ruptura acompanha uma responsabilidade genealógica mais vital, que reúne todo o passado para poder esquecê-lo e sobreviver a ele. O que é envolvido aqui é o processo de *iterabilidade*, o qual é apresentado por Derrida desde uma relação de deslocamento do dado.[13] O retraço – alteração em repetição – torna-se a condição de historicidade. O que é destacado aqui, em outros termos, é justamente a historicidade da história; uma experiência de escrita.

[13] Derrida, J., *Acts of literature, op. cit.*

A experiência com a palavra

Rômulo Vargas

Musas é a primeira palavra que se pronuncia nas canções transmitidas pelos aedos. Na tradição grega antiga o aedo não apenas começa seu canto simplesmente com uma palavra qualquer. Nesta tradição, qualquer palavra carrega um enorme poder, e o aedo era o servo através do qual a palavra manifestava este poder.

Aedo era o cantor que proferindo *musas* – como se diz em sua língua; *palavras cantadas,*[1] podemos dizer na nossa – seria conduzido à revelia pela palavra em canto, servindo somente como veículo a um imemorável e invisível mundo descoberto por ela. Sócrates, no *Diálogo Crátilo*, diz: "Pelo que as musas e a música em geral se referem, parece que o nome musa tenha sido derivado da palavra desejar (*môszai*)".[2] Ao que tudo indica a forma dórica *môsa,*[3] em lugar de *mousa* – *musa* – foi o que permitiu a Platão estabelecer esta relação etimológica. "Memória, musas e música",[4] que provêm do mesmo radical, compõem o fio da experiência que conduz a esse outro mundo, pela canção do aedo,

---

[1] Torrano, Jaa (2001). O mundo como função de musas. In: Hesíodo. *Teogonia, a origem dos deuses.* 4ª. ed. São Paulo: Iluminuras, p. 16.

[2] Platão, Crátilo *(2001) apud* Zylpha Barros Carvalho do Nascimento. As musas: fonte de inspiração para Platão. *Cadernos de Atas da ANPOF,* n. 1, p. 158.

[3] Zylpha Barros Carvalho do Nascimento, *op. cit.*, p. 158.

[4] Castro, Antonio José J. e (1997). *Musas: vigência do pensar poético.* Tese de doutoramento em ciência da literatura. Rio de Janeiro: Faculdade de Letras – UFRJ.

transmitida oralmente de geração a geração, costurando a memória dos povos durante séculos.

Pensemos aqui "experiência" não no sentido empírico ou experimental – "série de regularidades a partir das quais podemos conhecer a verdade do que são as coisas e dominá-las"[5] – mas como aquilo que acontece ao homem, aquilo que forma e transforma sua vida singularmente.

> A palavra experiência tem o ex de exterior, de estrangeiro, de exílio, de estranho e também o ex de existência. A experiência é a passagem da existência, a passagem de um ser que não tem essência ou razão ou fundamento, mas que simplesmente "ex-iste" de uma forma sempre singular, finita, imanente, contingente.[6]

De acordo ainda com Jorge Larossa, recorrendo à etimologia da palavra experiência, encontraremos inevitavelmente as dimensões de travessia e perigo.[7] A experiência da palavra poética cantada envolve um risco, o imemoriável e invisível mundo, ao qual conduzem as musas aqueles que as escutam; não é um mundo seguro. Dentro da perspectiva de uma cultura oral, a palavra do aedo se reveste de grande importância, pois permite àquele que o escuta uma experiência singular, podendo restituir-lhe a saúde quando o luto toma seu coração.[8] Ou mesmo fazer nele aflorar a tristeza, como no caso do aedo Demódoco que, ao cantar a legendária guerra de Tróia, leva o rei de Ítaca a verter sentido pranto e revelar sua identidade, pois até então permanecia anônimo por questões de segurança.[9]

---

[5] Bondía, Jorge L. (2002). Notas sobre a experiência e o saber de experiência. *Revista Brasileira de Educação*. n. 19, jan.; fev.; mar.; abr, p. 28.

[6] Bondía, Jorge L. , *op. cit.*, p. 25.

[7] Idem.

[8] Hesíodo (2001). *Teogonia, a origem dos deuses*. Estudo e tradução de Jaa Torrano. 4ª. ed. São Paulo: Iluminuras, v. 55, p. 107 e v. 102, p. 111.

[9] Homero (1996). *A odisséia*. 18ª. ed. Rio de Janeiro: Ediouro, p. 78.

Segundo esta tradição antiga, o aedo canta em nome das *Musas*, filhas da cultuada rainha *Memória*, conhecida popularmente como *Mnemosyne*,[10] "a uranida Memória tem na mais forte e reveladora luminosidade o domínio próprio de sua função".[11] Musas e Memória, ainda de acordo com essa tradição, não guardam apenas um parentesco genealógico, "pois o próprio ser dos pais se explicita e torna-se manifesto na natureza e atividade dos filhos".[12] O vigor das palavras cantadas advém da Memória, que se manifesta através do canto do aedo e "assegura a circulação das forças entre o domínio do Invisível e o Visível".[13] É interessante notar com Jaa Torrano que Memória, a "potência" regente de si mesma, é que "decide entre o ocultamento do Oblívio e a luz da Presença".[14] Portanto, o encontro possibilitado pela palavra do aedo, certamente arriscado, era também misterioso. Da função atribuída à Memória não se pode falar que possibilite apenas o esplendor da luz, mas dela também faz parte o ocultamento do *oblívio*, do esquecimento, da falta de memória.

Geralmente à noite, "invisíveis",[15], as palavras cantadas, mães das artes e da poesia como são lembradas hoje as musas, conduziam aquele que as escutasse a transcender suas fronteiras, levando-o a experimentar a força do poder da linguagem, incidindo nas relações entre eles, na forma como concebem o mundo, na maneira como experimentam o tempo. A própria linguagem, tecida através das musas e da memória, é concebida pelo aedo como veículo de construção do mundo e suporte dessa experiência

---

[10] Boyancé, Pierre (1946). Les muses et l'harmonie des sphères. *In*: *Mélanges dédíes à Félix Grat*. v. I. Paris: Pecqueur-Grat, p. 16.

[11] Torrano, Jaa, *op. cit.*, p. 70.

[12] Torrano, Jaa, *op. cit.*, p. 31.

[13] Torrano, Jaa, *op. cit.*, p. 70.

[14] Idem.

[15] Torrano, Jaa, *op. cit.*, p. 23.

multissecular. "O homem arcaico sente que a força da linguagem o subjuga, sua consciência se firma sobre ela e por ela é dirigido".[16] Cantando as ações fabulosas dos heróis, o nascimento e embate dos deuses, o aedo propiciava ao homem comum entrar em contato com questões fundamentais como morte, tempo, origem. Tal canto fertilizou o terreno para as mais variadas atividades humanas futuras.

Neste fecundo momento da cultura grega, anterior à oposição entre o verdadeiro e o falso dentro do discurso, através do mito,[17] uma das muitas palavras que se dispunha para se designar o ato da fala, o homem grego trilhará o caminho da "aletéia". A palavra *aletheia*[18] é comumente traduzida por verdade no sentido de evidência, não esquecimento (*a* – privativo e *lethe* – esquecer, estar oculto, latente), o que deixa de lado o seu caráter ambivalente. Martin Heidegger, traduzindo aletéia por revelação, mostra que nesse período antigo o *a* ainda não apresentava o valor privativo, sendo somente atribuído a ele pela gramática do pensamento grego tardio. O "desencobrimento é o traço fundamental daquilo que já apareceu e deixou para trás o encobrimento".[19] A aletéia não pode desvelar-se completamente porque o velamento faz parte dela, e o próprio Heidegger nomeia como "mistério" essa dissimulação velada em sua totalidade. O encontro com a aletéia não denota apenas o esplendor da luz se opondo ao ofuscamento das trevas, mas antes uma tensa travessia por esses dois reinos, por meio da escuta da música da memória.

---

[16] Jaa Torrano, Jaa, *op. cit.*, p. 30.

[17] Torrano, Jaa (1996). *O sentido de Zeus.* 2ª. ed. São Paulo: Iluminuras, p. 25.

[18] Pereira, Isidro (1997). *Dicionário de grego-português e português-grego.* Porto: Porto Ed.

[19] Heidegger, M. (2000). Alétheia (Heráclito, fragmento 16). In: *Ensaios e conferências.* Petrópolis: Vozes, p. 229.

Daquela remota época, séculos VIII e VII antes de Cristo, chegaram-nos canções como a *Ilíada* e a *Odisséia*, creditadas a um aedo cego chamado Homero; "se ele era tido como cego é porque os antigos consideravam, talvez não sem razão, que a memória de um homem era mais extraordinária quando ele se encontrava desprovido de visão".[20] Da história de Homero quase nada se sabe com segurança, elementos de sua vida foram transmitidos desde a Antigüidade através de lendas; e, embora sua naturalidade seja reivindicada por várias cidades, muitos estudiosos afirmam a improbabilidade de sua existência.[21] A poesia épica[22] faz-se valer de todas "as forças estéticas e éticas do homem", colocando Homero como "o primeiro e maior criador e modelador da humanidade grega".[23]

Outro importante testemunho desse período é oferecido pelos poemas de Hesíodo, a *Teogonia,* que em grego significa nascimento de deus ou dos deuses, nomeada assim pelos mestres-escolas da Grécia clássica; nela é cantado o surgimento do mundo, o nascimento, descendências e lutas dos deuses, e *O trabalho e os dias*, obra que "completa essencialmente a representação da vida mais primitiva do povo grego que aprendemos do jônico Homero".[24] Hesíodo nomeia a si próprio em seu canto teogônico,[25] e o que se sabe a seu respeito está escrito pelo próprio aedo em seus poemas. Foi a partir da época na qual viveu que, de maneira intensa, o uso da escrita passa a ser difundida na

[20] Vidal-Naquet, Pierre (2002). *O mundo de Homero.* São Paulo: Companhia das Letras.

[21] Jaeger, W. W. (1994). *Paidéia: a formação do homem grego.* 3ª. ed. São Paulo: Martins Fontes, p. 37.

[22] Poesia épica ou epopéia é um poema formado por versos hexâmetros, estilo próprio à composição oral. Cf. Jaa Torrano. O mundo como função de musas, *op. cit.,* p. 19.

[23] Jaeger, W. W., *Paidéia: a formação do homem grego, op. cit.,* p. 62.

[24] Jaeger, W. W., *op. cit.,* p. 85.

[25] Hesíodo. *Teogonia, a origem dos deuses, op. cit.,* v. 22, p. 107.

Grécia, e apesar de ter escrito suas canções, aqui dar-se-á ouvidos ao aedo, que nos conta ser simples servo eleito das Musas.

> Elas um dia a Hesíodo ensinaram belo canto
> quando pastoreava ovelhas ao pé do Hélicon divino.
> Esta palavra primeiro disseram-me as Deusas
> Musas olimpíades, virgens de Zeus porta-égide:
> "Pastores agrestes, vis infâmias e ventre só,
> sabemos muitas mentiras dizer símeis aos fatos
> e sabemos, se queremos, dar a ouvir revelações".[26]

As musas, portanto, eram capazes de dotar um homem comum, um simples pastor de ovelhas – "vis infâmias e ventre só" – do dom da revelação, do descobrimento, da desocultação. Percebemos nesta primeira apresentação das musas a Hesíodo que a palavra dita por elas, o canto advindo da memória, traz consigo uma ambigüidade fundamental. Este canto divino das musas, no qual se podem ouvir revelações, também é impregnado por "muitas mentiras *símeis* aos fatos. A palavra do aedo, juntamente com suas condições de enunciação, não valia apenas pelo seu sentido manifesto, mas como signo a ser decifrado para que um outro sentido, oculto e misterioso, pudesse emergir, num interminável de decifrações".[27]

A ambigüidade e a abundância de sentidos, marcas desta linguagem de cunho oral, não podem ser compreendidas pelos princípios da lógica. A tensão das cordas vocais do aedo, da lira e no ouvido daquele que escuta é a própria ocorrência da aletéia. Essa experiência, da qual fazem parte as palavras, proporciona um movimento em que os significantes estão em jogo de maneira

---

[26] Idem.

[27] Garcia-Roza Luiz A. (2005). *Palavra e verdade: na filosofia antiga e na psicanálise.* 5ª. ed. Rio de Janeiro: Jorge Zahar, p. 7.

a não permitir um significado. É preciso que se suspenda o sabido, que se silencie logicamente – mesmo o aedo – para que se possa escutar a revelação sempre velada das palavras cantadas.

> Só quase um século depois de Hesíodo surge, com Arquíloco de Paros, a poesia lírica que, tematizando o aqui e agora, os sentimentos, atitudes e valores do poeta, constitui-se com seus metros vários um novo gênero, uma nova gênese, uma nova forma de manifestação da palavra, nascida e própria das novas condições trazidas pela *polis*, pela reforma hoplítica, pelo uso do alfabeto (...) o pensamento racional começa a abrir novas perspectivas a partir das quais imporá novas exigências.[28]

Nesse momento, o exercício do poeta, seu canto, "única modalidade artística do uso da palavra",[29] essa experiência advinda das construções mitológicas, encontra-se diante da nova aventura na qual o homem se interpõe, expressa através das investigações científicas e especulações filosóficas. Aos poucos a enunciação vai cedendo lugar ao enunciado, a "seu sentido, sua forma, seu objeto, sua relação e sua referência".[30] A obscuridade dos efeitos de palavras como *zeus* e *theos* na vida humana se confronta às *theorizações*,[31] ou seja, aquilo que antes não se sabia com segurança, que permanecia fora do campo das evidências, como na música derivada da memória, vai cedendo lugar ao trabalho das hipóteses teóricas que paulatinamente vão sendo escritas, exigindo trabalho na busca da clareza e confiança universais.

---

[28] Torrano, Jaa, O mundo como função de musas, *op. cit.*, p. 17.

[29] Idem.

[30] Foulcault, M. (1996). *A ordem do discurso.* 8ª. ed. São Paulo: Loyola, p. 15.

[31] Teoria vem do verbo grego *theorien* e etimologicamente se relaciona a ver, olhar, contemplar ou mirar. Cf. Santaella, L. e Winfried Nöth, W. (1997). *Imagem. Cognição, semiótica, mídia.* São Paulo: Iluminuras, p. 14.

A confecção do discurso por meio da prosa vai dando condições de elaboração do *logos*[32] – razão, conhecimento ou discurso lógico como naturalmente se traduz. De acordo com Heidegger, anterior ao sentido de discurso esclarecedor ou lógico, *logos* significava colher, sendo também "o lugar onde acontecia a linguagem".[33] "Não de mim mas do logos tendo ouvido é sábio homologar tudo é um",[34] diz Heráclito, que era comparado ao oráculo de Delfos, que não diz nem esconde nada, apenas indica. O que nos chegou sobre seu pensamento está composto por fragmentos que foram intitulados *Peri Physios*. O *peri* – traduzido geralmente como sobre, ou ainda, acerca – contém o radical *per*[35] que se relaciona antes de tudo à idéia de travessia, de acordo com Larossa. Traduzindo normalmente o *phisios* por natureza, caberia perguntar que tipo de "travessia da natureza" nos indica esse livrinho[36] supostamente encontrado sem assinatura no templo de Ártemis (Diana)?[37] Para além dos aforismas escritos e dos infindáveis enigmas por eles lançados, encontraríamos, certamente, uma concepção de natureza um tanto quanto diversa da que fazemos hoje. Na prosa heraclitiana, a natureza ama se esconder; sempre em fluxo, não se encontra separada do humano ou simplesmente pode ser por ele contemplada. Antes ela é experimentada pela escuta do *logos*, que contém harmoniosamente os acontecimentos particulares e

---

[32] Pereira, Isidro, *op. cit.*

[33] Heidegger, M. (1987). *Introdução à metafísica*. Coleção Pensamento e Filosofia. Lisboa: Instituto Piaget, p. 122.

[34] Souza, José C. de (1973). *Os pré-socráticos*. São Paulo: Abril Cultural, p. 90.

[35] Bondía, Jorge Larossa, op. cit., p. 25.

[36] O pequeno livro é composto por apenas cento e vinte e seis frases, cuja densidade rendeu a Heráclito a alcunha de "o Obscuro".

[37] Deusa livre e independente, senhora da natureza e das florestas escuras, divindade mais popular da cultura greco-romana. Ver sobre ela no interessante escrito de Freud, S.(1987), Grande é Diana dos efésios (1911). In: *Edição Standard brasileira das obras psicológicas completas de Sigmund Freud*. 2ª. ed. Rio de Janeiro: Imago.

universais, feitos de tensões como a do arco e da lira. Por meio de seus fragmentos escritos, notamos um Heráclito impaciente quanto aos que agem como surdos em relação àquilo que a natureza teria a revelar através do *logos*, que fala para além daquele que diz.

Os elementos do discurso filosófico vão se constituindo não sem dificuldades. Segundo Michel Foucault,[38] a definição de cada discurso acontece em sua relação com os demais, relação esta que se manifesta de forma conflituosa. Pode-se dizer que a gestação do pensamento filosófico se dá a partir e contra a experiência poética. A resistência à popularização do alfabeto vai se esvaindo, as palavras perdem muito em sua força ao serem separadas do canto e até mesmo da voz, tornando-se instrumentos que podem ser guardados de outra maneira. Escritas, as palavras criam um outro registro, permitem ao homem uma nova forma de exame da realidade.

As severas divergências entre a antiga experiência da aletéia, propiciada pela palavra poética, e o saber conceitual que se erige, como se pode perceber, vêm desde o parto da filosofia e não param por aí. Dos antigos mitos transmitidos por Homero e Hesíodo às formas de expressão enigmáticas de Heráclito, até a filosofia de Platão, pode-se supor que muita água passou por debaixo da ponte.

Na Grécia dos séculos V e IV antes de Cristo, a multifacetada poesia, nutrida na respeitada tradição homérica – na voz do artista e no ouvido do espectador, nos diversos festivais dedicados ao drama, à tragédia, à comédia e à lírica – ainda era o principal veículo de transmissão do conhecimento. Atenas tornava-se belo palco para a entrada em cena do discurso dialógico que, de acordo com Marcel Detienne,[39] faria sentir duro golpe na linguagem

[38] Foucault, M., *op. cit.*, p. 14-16.

[39] Detienne, M. (1988). *Os mestres da verdade na Grécia arcaica*. Rio de Janeiro: Jorge Zahar, p. 44-55.

poética, gerando, então, um combate que diz respeito à toda comunidade. O aumento do interesse em explicar os problemas do homem por meio do pensamento racional – a única forma de se chegar ao conhecimento verdadeiro sobre esses problemas em comunidade – acirra esse combate do qual participavam poetas, filósofos, políticos, sofistas, sem se saber ao certo quem era o quê.

Foi justamente neste novelo que Platão assume a difícil missão de delinear o lugar preciso da filosofia. Ainda que da poesia antiga retire os elementos necessários para sua constituição, o emergente discurso a deixa em um outro lugar.

> Os senhores recordam-se de como Platão, no projeto de seu Estado, procede com os poetas. No interesse da comunidade, proíbe a sua permanência dentro dele. Ele tinha o poder da poesia em alta conta. Mas ele a considerava superficial e supérflua: bem entendido, em uma comunidade perfeita.[40]

Como bem observa Walter Benjamim, a poesia não era qualquer coisa para Platão, mas mesmo assim, em sua república *ideal,* o poeta ficaria de fora e, como lembra Foucault, dela também "o sofista é enxotado".[41] Encontramos em Platão o ímpeto de iluminar o caráter da filosofia, distinguindo-a dos demais discursos. Mas a posição de Platão em relação à poesia é bastante delicada. São inumeráveis as vezes em que os *Diálogos,* escritos por ele, remetem aos mitos da *Ilíada* e da *Odisséia*. De acordo com Giovanni Reale, o mito utilizado por Platão é "purificado pelo *logos* esclarecedor, conservando apenas seus

---

[40] Benjamin, W. (1985). Magia e técnica, arte e política: ensaios sobre literatura e história. In: *Obras escolhidas I.* São Paulo: Brasiliense, p. 187.

[41] Foucault, M., *op. cit.*, p. 15.

caracteres alusivos e intuitivos".[42] É criada uma nova tensão entre mito e *logos*, que se faz sentir praticamente por toda a obra escrita de Platão.

> Seu discurso filosófico, sua indagação teórica, recorre ao mito todas as vezes que a busca da definição e a tentativa das perguntas não encontram respostas. Seria absolutamente impossível eliminar o mito da filosofia de Platão, não teríamos mais a teoria das idéias, da alma, do conhecimento, do mundo, da imortalidade e também da escrita. O mito é mais que a sabedoria camponesa, a opinião comum.[43]

Ao que parece, Platão, durante seu percurso, e na tentativa de delinear um ideal fundado no movimento do raciocínio dialético, é levado a admitir que o velho poeta, companheiro da palavra e do mito, era capaz de oferecer condições para contar com maior eficácia o que sua argumentação lógica não poderia dizer. Como explica Jayme Paviani, mal nascia, a filosofia "reassume o mito".[44] Não se pode esquecer que Platão não aconselha a poesia aos ouvidos daqueles que não possuem "o remédio do conhecimento da verdade", pois lhes estraga o "espírito".[45] Aquilo que Platão chama, estranhamente para sua época, de "delírio" – capaz de abalar o "estado" da alma e que distingue o verdadeiro poeta do técnico manipulador de versos[46] – aquilo, admite Platão, é uma modalidade de alcançar a verdade, da qual faz uso deliberadamente de forma tensa nos diálogos que deixou escritos.

---

[42] Reale, G. (1993), *apud* Jayme Paviani. *Escrita e linguagem em Platão.* Porto Alegre: EDIPUCRS, p. 61.

[43] Reale, G., *apud* Jayme Paviani, *op. cit.*, p. 65.

[44] Paviani, J., *op. cit.*, p. 61.

[45] Jaeger, W. W.,. *Paidéia: a formação do homem grego, op. cit.*, p. 919.

[46] Paviani, J. (1993). *Escrita e linguagem em Platão.* Porto Alegre: EDIPUCRS, p. 68.

É sabido que Platão recusou escrever parte de sua doutrina, aceitando a precariedade da linguagem escrita em relação a esse fim.[47] Tal como os antigos mitos, o ensino na Academia fundada por ele acontecia oralmente. Entretanto, são os diálogos escritos por Platão ao longo de sua vida que permitem sentir o confronto com a poesia enlaçada ao mito e o encontro com uma possibilidade de expressar algo de seu conhecimento lógico. Walter Benjamim observa que a "questão do direito de existência do poeta não foi, desde então, colocada com freqüência com a mesma ênfase: mas hoje ela se coloca".[48]

Talvez se faça necessário perguntar se deveras algo ocorreu nas reordenações simbólicas através dos séculos, que leve o "evoluído" pensamento racional a se preocupar com a existência, ou melhor, com a experiência advinda da expressão da palavra do poeta dentro da comunidade. Na era moderna, de acordo com Hannah Arendt, as ciências são "forçadas a adotar uma 'linguagem' de símbolos matemáticos que, embora originalmente destinada a abreviar afirmações enunciadas, contém agora afirmações que de modo algum podem ser convertidas em palavras".[49] A manipulação dessas abreviações enunciadas, compostas ainda de letras, a que chamamos fórmulas, nos permite fabulosos avanços tecnológicos que nos levam a crer em uma nova forma de tecer nossa experiência.

Justamente aqui, ao tentarmos trazer algo da experiência de um aedo em relação à nossa, uma pequena dificuldade se ergue ante nós. Apesar da incompletude dos aspectos traçados aqui para delinear aquela experiência – a aventura de deixar-se

[47] Paviani, J., *op. cit.*, p. 59.

[48] Benjamin, W., *Magia e técnica, arte e política: ensaios sobre literatura e história, op. cit.*, p. 187.

[49] Arendt, H. (2007). *A condição humana.* 10ª. ed. Rio de Janeiro: Forense Universitária, p. 11-12.

ir através das palavras, percorrendo seus vários sentidos de uma maneira que não é apenas fruição, mas também perigo, ao sempre indeterminado encontro com a aletéia, com a revelação sempre latente – damo-nos conta de certa distância que nos separa ainda mais.

Aquele ser que fala e que através desse mesmo exercício delineava as vias para a construção de sua experiência, é posto de lado, ou quem sabe melhor, fora de ação nos rumos de sua experiência. Essa antiga experiência que exige a abstenção do saber e um deixar-se habitar pela fala, permitindo o encontro com o impossível de ser revelado por inteiro, a aletéia, é deslocada por um jogo da ciência com as letras.

Jacques Lacan lança mão da aletéia – de um modo que, como admite, nada tem de emocionalmente filosófico – para forjar a "aletosfera" – aletéia com atmosfera, estratosfera "e tudo o que queiram de esferizado".[50] A aletosfera ocupa por meio de ondas toda a esfera planetária; a ela qualquer um, provido de um microfone, pode se ligar, mesmo fora da Terra. Aletosfera seria o lugar das fabricações da ciência e não seria mais que "efeitos de uma verdade formalizada",[51] nela circulam as vozes e os olhares eletrônicos, que saturam nosso ar e criam as condições favoráveis para a desenfreada proliferação das "latusas" – os pequenos objetos agora governados pela ciência, feitos para causar o desejo. Esses pequenos objetos que voam através do vento[52] nos seduzem e nos põem arrebatados a caminho para consumi-los, levando-nos a crer que eles podem tudo revelar e ser a forma de sustentar agora nossa experiência. Entretanto, nos diz Lacan, a

[50] Lacan, J. (1992). O Seminário, Livro 17, *O avesso da psicanálise* (1969-1970). Rio de Janeiro: Jorge Zahar, p. 150-153.

[51] Lacan, J., *op. cit.*, p. 152.

[52] Em francês *lathouse*, latusa, rima com *ventouse*, ventosas. Cf. Jacques Lacan, *op. cit*, p. 154.

"latusa não tem razão alguma para se limitar em sua multiplicação",[53] vai se acumulando em montanhas de lixo sem que haja mais o que fazer com ela.

A aletosfera permitiu ao homem ousar crer que através dela tenha forças para se livrar da Terra. Como nos diz Hannah Arendt: "ninguém na história da humanidade jamais havia concebido a Terra como prisão para o corpo dos homens nem demonstrado tanto desejo de ir, literalmente, daqui à Lua".[54] Em tempos de aletosfera, a memória é cultuada pelos dispositivos eletrônicos cada vez mais pretensos a tudo armazenar, e serem acessados a qualquer momento e de qualquer lugar desde que se esteja *plugado* à aletosfera. Diante de tanto progresso, encontramos também hoje cientistas temerosos, tendo que se haver com os sulcos que irrompem na aletosfera – de impossível demonstração dentro do próprio campo da verdade formalizada –, o que implica "que em todo campo formalizado da verdade, há verdades que não se pode demonstrar".[55] Há algo que não funciona, que irrompe, não podendo ser capturado, e a própria ciência é que nos oferece condições para a abertura a outras experiências que nos contem acerca do que acontece.

O jogo com as palavras que lhe permite sua língua, feito na aula de 20 de maio de 1970, trazendo a aletosfera e as latusas, é para Lacan de grande importância para a experiência que pretende sustentar por meio deste ensino oral. As construções dessa aula nos permitem entrever a localização da posição e da função

---

[53] Idem.

[54] Hannah Arendt chama a atenção para a declaração de um repórter norte-americano quanto ao fato de um objeto terráqueo ter sido lançado ao espaço, reação de alívio "ante o 'primeiro passo para libertar o homem de sua prisão na Terra'". Declaração que refletia, "sem o saber, as extraordinárias palavras gravadas há mais de vinte anos no obelisco fúnebre de um dos grandes cientistas da Rússia: 'A humanidade não permanecerá para sempre presa à Terra'". Hannah Arendt, *op. cit.*, p. 11-12.

[55] Lacan, J., *op. cit.*, p. 154.

de uma experiência precisa, cujas vias foram abertas a partir de Sigmund Freud, e que tem nas palavras seu fundamento.

Poderíamos dizer que na época em que Freud começa a trilhar os caminhos da experiência psicanalítica, não encontramos uma aletosfera nas proporções que podemos avistar hoje. Já lemos em Freud a interessante expressão "Deus de prótese"[56] para designar o homem atual com seu (antes inimaginável) controle da natureza através do progresso das ciências, o que absolutamente não o faz sentir-se feliz. Apesar de notarmos no início da empreitada de Freud a tentativa de confluência com o pensamento científico de seu tempo, sua descoberta o surpreende, levando-o a compreender que o que não pode ser visto opera através das palavras naquele que fala para além dele próprio, abrindo caminho para uma nova forma de saber que não pode ser totalmente transformada em conhecimento. Desta maneira, a experiência psicanalítica põe em perigo a ilusão – da caduca ciência de então – de transformar todo saber em conhecimento.

Ao se preocupar com os arranjos e desarranjos da mente, Freud, que era neurologista, foi levado a escutar as palavras advindas de seus pacientes, começando assim a delinear uma experiência que, digamos, anda na contramão do progresso de nosso tempo. Uma experiência feita de palavras que flutuam, à maneira antiga, boca-ouvido, promovendo assim uma verdadeira ruptura com o pensamento científico de sua época, ainda no qual

> o espaço da experiência parece identificar-se com o domínio do olhar atento, da vigilância empírica aberta apenas à evidência dos conteúdos visíveis. O olho torna-se o depositário e a fonte de clareza; tem o poder

[56] Freud, S. (1987). Mal-estar na civilização (1915). In: *Edição Standard brasileira das obras psicológicas completas de Sigmund Freud.* 2ª. ed. Rio de Janeiro: Imago, p. 98.

> de trazer à luz uma verdade que ele recebe à medida que lhe deu a luz; abrindo-se, abre a verdade de uma primeira abertura: flexão que marca, a partir do mundo da clareza clássica, a passagem do "Iluminismo" para o século XIX.[57]

Invertendo do olho para o ouvido a possibilidade de conhecer; ocupando-se daquilo que a verdade formalizada não consegue demonstrar; dando atenção aos sonhos, chistes, aos equívocos com as palavras, Freud vai demarcando um novo terreno clínico, uma nova experiência que permite operar sobre o que não funciona à luz do pensamento, sobre aquilo que havia ficado para que "os poetas pudessem ficcionar",[58] e que foi posto de lado pela ciência concebida por René Descartes.

A importância da experiência do poeta, seu fazer com a palavra, seu deixar-se levar na linguagem é compreendido por Freud como possibilidade de vislumbrar aquilo que não pode ser apreendido pelas formulações da ciência de sua época. Vejamos o que ele escreve em 1907 sobre o poeta:

> [(seu)] testemunho deve ser levado em alta conta, pois costumam conhecer toda uma vasta gama de coisas entre o céu e a terra com a qual a nossa filosofia ainda não nos deixou sonhar. Estão bem adiante de nós, gente comum, no conhecimento da mente, já que se nutrem em fontes que ainda não tornamos acessíveis à ciência.[59]

---

[57] Foucault, M. (1998). *O nascimento da clínica.* 5ª. ed. Rio de Janeiro: Forense Universitária, p. XI-XII.

[58] Descartes, René (2006) *apud* Olgária C. F. Matos. Discurso do método. In: Ciência: da natureza desencantada ao reencantamento do mundo. In: *Estudos de filosofia e história das ciências biomédicas.* Marisa Russo e Sandra Caponi (orgs.). São Paulo: Discurso Editorial, p. 341.

[59] Freud, S. (1987). Delírios e sonhos na *Gradiva* de Jensen (1907). In: *Edição Standard brasileira das obras psicológicas completas de Sigmund Freud.* 2ª. ed. Rio de Janeiro: Imago, p. 18.

Ao reconhecer que o poeta muito à frente de nós está – no que diz respeito ao conhecimento da mente – Freud, que percorreu um enorme trajeto na tentativa de conhecê-la também, não poderia deixar de dar-lhe ouvidos. Melhor, talvez, dissséssemos que na experiência à qual Freud se impôs seria muito imprudente desprezar qualquer uso das palavras. Ele escreve: "As palavras originalmente eram mágicas e até os dias atuais conservam muito do seu antigo poder mágico (...). Palavras suscitam afetos e são, de modo geral, o meio de mútua influência entre os homens. Assim, não depreciaremos o uso das palavras (...)".[60]

Através da experiência psicanalítica, fundada "na palavra", somos levados a compreender que não fazemos uso das palavras simplesmente "para comunicar algo que já tenhamos estabelecido em pensamento, pois as palavras são o próprio tecido do pensamento".[61] Tal experiência permite reconhecermo-nos como seres falantes, cujas "palavras são a matéria-prima do tecido de que somos feitos. Sua tessitura única nos singulariza".[62] Atento a essa tessitura, Freud pôde inventar, trilhar e sustentar a psicanálise como experiência do singular, possibilitando assim ao sujeito, através de sua fala, a emergência da verdade que lhe diz respeito. Lacan escreve:

> A psicanálise é fonte de verdade, mas também de sabedoria. E essa sabedoria tem um aspecto que nunca engana, desde que o homem começou a enfrentar seu destino. Toda sabedoria é um gaio saber. Ela se abre, subverte, canta, instrui e ri. Ela é toda linguagem. Alimentam-

[60] Freud, S. (1974). Conferências introdutórias (1915). In: *Edição Standard brasileira das obras psicológicas completas de Sigmund Freud.* 2ª. ed. Rio de Janeiro: Imago, p. 19.

[61] Rickes, Simone M. (2005). A construção da memória e a condição da perda. In: *Horizontes.* Bragança Paulista: EDUSF, v. 23, (1): 39-66, jan.- jun.

[62] Idem.

> se de sua tradição, desde Rabelais até Hegel. Abram também os ouvidos para as canções populares, para os maravilhosos diálogos de rua... Neles vocês recolherão o estilo através do qual o humano se revela no homem, e o sentido da linguagem sem a qual vocês nunca libertarão a fala.[63]

Na fala encontramos palavras significantes, ambíguas e, muitas vezes, aparentemente sem sentido àquele que supostamente as usaria para se comunicar. Palavras faladas, palavras escritas, palavras cantadas, palavras poderosas; percorrendo-as se impõem e se repetem, distorcem, afetam, escondem e revelam o homem. Ao apostar nesse estranho e singular jogo – que tanto permite ao homem se constituir e mesmo transmitir algo de sua experiência tempos afora, bem como o conduz ao furo no sentido, ao tropeço e ao silêncio –, Freud não pôde deixar de dar importância tanto às longínquas palavras carregadas pelas gerações, quanto às palavras próximas de seus pacientes, às palavras dos loucos, dos cientistas e dos poetas. Foi pela experiência da palavra que Freud inventou um abrigo para o homem em sua singular relação com ela. Por sua original relação com as palavras, ele nos pôde transmitir o sentido aberto pela trilha que fornece a chance do homem habitar assim a sua fala.

---

[63] Lacan, J. (2003) Discurso de Roma. In: *Outros escritos*. Rio de Janeiro: Jorge Zahar, p. 152.

A terceira margem da rua

Manoel Luce Madeira
Simone Moschen Rickes

Meu nome é[1]

Porto Alegre, segunda-feira, meio-dia. Pela avenida que corre de norte a sul sobejam automóveis e buzinas. O corredor de ônibus aparta as faixas de mãos contrárias. Ao fim da larga via, antes de se encontrar com outra tão ancha quanto, há um canteiro que substitui a simples linha pintada no asfalto distinguindo os sentidos do corredor. A divisória começa estreita, corre para o sul, alarga-se e inclina-se fortemente para baixo formando uma ladeira. Acompanham o declive três barrancos dispostos nos outros três lados do terreno de modo que se cria grande cratera natural abaixo da borda do asfalto. Aqueles que por este passam dificilmente vêem quem está ali embaixo. Visto de cima, o canteiro parece uma pequena ilha verde em forma de panela – também vista de cima – no mar de carros que fluem de norte a sul, de leste a oeste. Na ilha de inusitada geografia, situada abaixo do nível das suas águas, há náufragos deitados sob a sombra de uma árvore. São os integrantes do *Jornal Boca de Rua*.

---

[1] Título de uma das histórias do livro *Histórias de mim* (no prelo).

Em poucos minutos, duas jornalistas e um psicólogo se juntarão ao grupo de 30 pessoas que habitam as ruas da cidade.[2] Hoje, como sempre, a reunião se iniciará com uma discussão geral, em que todos participarão. Depois o grupo se dividirá em três, ficando um profissional em cada subgrupo, onde será eleito um coordenador para portar o caderno e a caneta que serão fornecidos pela equipe. Durante aproximadamente uma hora e meia se lutará com a folha pautada ávida por garranchos. Espera-se que todos opinem, que discutam, que discordem, que briguem até, pois sempre brigam, e que ao final reste um trecho de texto que comporá a próxima edição. Depois, levantarão do chão e se organizarão para a distribuição dos jornais. Cada exemplar possui na capa um pequeno retângulo onde os integrantes devem assinar. Pelas ruas da cidade, eles venderão seus jornais pelo preço obrigatório de R$ 1,00 – quantia que é integralmente do vendedor. Aos poucos, recolherão seus pertences, deixarão o canteiro ou cratera ou sazonal escritório. O que almejam é exatamente isto: misturar os espaços – da sinaleira ao lado, frente à fúria dos motores, fazer um fórum para lampejos de discussões.

Dentre aqueles que abaixo da árvore esperam está João Dom. Hoje, a reunião para Dom será diferente, pois ao invés de fazer parte do grupo que escreverá para o Jornal, ele fará a oficina do *Histórias de mim*. O trabalho consiste na abertura de um espaço para a construção de textos livres, paralelos às publicações do periódico – histórias, músicas, poesias. A oficina é realizada de forma irregular: quando as reportagens para o jornal já estão bem encaminhadas ou não têm muita urgência, aqueles que querem arriscar-se em tais escreveres o fazem. Os grupos são formados

[2] Ao todo, o *Jornal Boca de Rua* conta com uma equipe composta por nove integrantes, entre jornalistas e psicólogos. Os profissionais são divididos entre o trabalho com o grupo adulto, com o grupo infanto-juvenil, chamado *Boquinha* e que conta quinze participantes, com a diagramação do jornal e com o grupo de vídeo que faz documentários.

e cada integrante recebe um caderno e uma caneta. Acreditando ser prévio enriquecedor para o escrever, o oficineiro leva um texto de alguma história ocorrida na rua para ser lido em grupo. Depois de uma hora e meia, aqueles que querem levar o material consigo podem fazê-lo. Dom sempre o faz. Está lá à sombra o caderno, agora travesseiro – ele o conserva zeloso. Estão lá as folhas sujas, amassadas, orelhudas e prenhes de novos versos: o corpo do caderno guarda as marcas dos entreveros, das carícias, dos olhares, das mordidas cotidianas. Quando ele queda imundo, corcunda, roto de todo, Dom solicita outro, detentor do mesmo destino.

Ali deitado sob a árvore, ele ainda não imagina que a oficina será conhecida por *Histórias de mim* – esse é o título do livro pelo qual será lançada a compilação dos textos. MC Dom foi o sujeito que mais participou desse trabalho ao escrever *raps* em abundância. No entanto, até assinar por essa alcunha, Dom teve outros apelidos. O primeiro foi *Esqueleto*, por um motivo deduzível: é muito magro. Errando pelas ruas, vivendo intermitentemente os mais variados perigos urbanos, Dom foi chamado de *Cu de Peixe*, pois por longos períodos some, evita diversas zonas da cidade, e acabaram comparando-o com algo difícil de achar. Adoentou-se e virou *Caramujo*, pois lento arrastava-se pelas ruas com seus pertences às costas. Depois, melhorou, interessou-se por *rap* e descobriu sua grande facilidade em criar e decorar músicas. À noite, um trago pra coragem, um trago pra desenvoltura, cantava para as mulheres. Daí surgiu "Dom": o apelidaram de *Don Ratón*. Desgostoso do codinome, obstinado pela música, manteve o som, mudou a língua: juntou os amigos, e numa casa da periferia da cidade criou um grupo de *rap* em que é letrista há oito anos. *Don Ratón* queima-filme, estraga-festa, é hoje MC – mestre de cerimônia. Não importa que siga na rua, esquelético, a cantar *raps* imensos para as pessoas que encontra, a andar como um caramujo ou cu de peixe: João é conhecido por todos como Dom. Dom: sujeito do seu nome. Dom: sujeito da sua história. Dom: sujeito do seu dom.

"Mesmo o relógio parado está certo duas vezes ao dia"[3]

Quando se atém, em *História da loucura*, à questão da Nau dos Loucos, Michel Foucault deixa claro que os que nela embarcavam não eram os diagnosticados pelos crivos psiquiátricos, mas aqueles que se mostravam inaptos ao viver urbano. A embarcação circulava pelos rios a recolher os "loucos" expelidos para fora dos muros das urbes. Aliás, tempos depois, a própria internação busca combater "o desemprego ou, pelo menos, a mendicância e a ociosidade".[4] Como precisamente aponta Zigmund Bauman, "ser saudável implica na maioria dos casos ser empregável".[5] Ou seja, a Nau era navegada por preceito social: alijar da cidade os homens considerados improdutivos. Tornavam-se, nas palavras de Foucault, "prisioneiros da passagem",[6] pois eram cativos dos rios que davam acesso aos contingentes urbanos.

Tempos passados, idéias presentes. As cidades cresceram, e o que era rio virou rua. É ela que guarda os ideais de passagem, de fluxo, de ligação entre os lugares dos legitimados fazeres – o

[3] Essa é a epígrafe da primeira edição do *Jornal Boca de Rua*. A frase era sempre repetida por Riquinho, sujeito que criou o logotipo da publicação. Riquinho dizia que essas palavras eram de Jim Morrison, cantor e poeta de rock americano, líder dos Doors, e a ele atribuídas foram citadas no Jornal.

[4] Foucault, M. (1972). *A história da loucura*. São Paulo: Perspectiva, p. 64.

[5] Bauman, Z. (2001). *Modernidade líquida*. Rio de Janeiro: JZE, p. 91.

[6] Foucault, M., *op. cit.*, p. 12.

que era no século XV as cidades, passou a ser os espaços telhados. Richard Sennet afirma que as descobertas sobre a circulação do sangue de William Harvey alteraram

> as expectativas dos planos urbanísticos de todo o mundo no século XVIII (...). Construtores e reformadores passaram a dar maior ênfase a tudo que facilitasse a liberdade do trânsito das pessoas, imaginando uma cidade de artérias e veias contínuas, através das quais os habitantes pudessem se transportar tais quais hemácias e leucócitos no plasma saudável.[7]

As cidades passam, portanto, a buscar as linhas retas que permitam o fluxo mais veloz possível, tornando as ruas alheias ao viver urbano, lugar onde não se deve parar. Por conseqüência, aquele que séculos atrás navegava pela passagem, hoje é detento errante, preso em seu descaminho metropolitano, ou como diz Michel de Certeau "nos rios cifrados da rua".[8]

> O disco amarelo iluminou-se. Dois dos automóveis da frente aceleraram antes que o sinal vermelho aparecesse. Na passadeira de peões surgiu o desenho do homem verde. A gente que esperava começou a atravessar a rua pisando as faixas brancas pintadas na capa negra do asfalto. Os automobilistas, impacientes, com o pé no pedal da embraiagem, mantinham em tensão os carros, avançando, recuando, como cavalos nervosos que sentissem vir do ar a chibata.[9]

Assim José Saramago inicia *Ensaio sobre a cegueira*, obra que nos lança cabalmente a pergunta "será que estamos todos

---

[7] Sennett, R. (2003). *Carne e pedra*. Rio de Janeiro: Record, p. 214.

[8] Certeau, M. de (1994). *A invenção do cotidiano – artes de fazer* (1980). Petrópolis: Vozes, p. 58.

[9] Saramago, José (1995). *Ensaio sobre a cegueira*. São Paulo: Cia das Letras, p. 11.

cegos?" Aproveitando o breve freio dos motores, o fugaz estancar do fluxo, o vendedor do *Jornal Boca de Rua* aproxima-se dos carros para apresentar seu trabalho. A relação com o motorista, ávido pelo sinal verde, não pode durar mais que alguns segundos. Porém talvez seja o bastante, pois, se vendido o exemplar, os escritos ali contidos podem tecer, mesmo que fragilmente, um início de relação entre os dois sujeitos. Aqueles que apreciam o periódico acabam utilizando tais instantes para poder dialogar com os vendedores do *Boca de Rua* – discutindo as edições, questionando sobre suas experiências, exigindo novos números da publicação.

A venda do jornal é um exemplo claro do que Michel de Certeau, em *A invenção do cotidiano – artes de fazer*, chama de "tática" – por definição, "a arte do fraco".[10] O autor constrói tal idéia diferenciando-a de uma "estratégia". A estratégia é a organização voltada ao exercício do poder por ordem instituída, ao passo que a tática é um ato astuto que subverte esta ordem. A questão do tempo aqui toma clara importância: "as estratégias apontam para a resistência que o estabelecimento de um lugar oferece ao gasto do tempo; as táticas apontam para uma hábil utilização do tempo, das ocasiões que apresenta e também dos jogos que introduz nas fundações de um poder".[11] Assim, num estabelecimento social absolutamente resistente ao "gasto do tempo", o vendedor do *Boca de Rua* subverte esse tempo mínimo perdido pelo motorista para prolongar a vida útil de seu contato. Ele utiliza-se exatamente dos fluxos que o desvalorizam para transformar a assistencial moeda de mais um cristão culpado em uma relação que implica a compra de um saber-fazer.

[10] Certeau, M. de; *op. cit.*, p.101.

[11] idem, p. 102.

Entretanto, tal relação não é tão simples. Como nos adverte Milton Santos, "espaço e mercado são sinônimos (...). A metrópole está em toda a parte (...) os lugares seriam mesmo lugares funcionais da metrópole".[12] O espaço ocasional da sinaleira não está alheio às tensões urbanas. Em maio de 2005, o *Zero Hora* – jornal mais vendido no Rio Grande do Sul – publicou matéria referindo-se àqueles que atrapalhavam os "motoristas que almejavam algo simples: chegar em casa em paz e tranqüilidade".[13] A reportagem ganhou foto ocupando metade da contracapa do jornal, em que se vêem dois integrantes do *Boca de Rua* vendendo o periódico em uma sinaleira. O texto dizia, explicitamente, que vendedores do *Boca de Rua*, "bugigangas" e "artistas eventuais", tiravam o sossego dos condutores.[14] O texto segue, chamando o vendedor da publicação de "mendigo" e "maltrapilho", afirmando que "poucos compram o seu jornal, mas ele sorri conformado". Nenhuma nota se faz aos vendedores de outros jornais, como o próprio *Zero Hora,* que há anos é vendido nas sinaleiras, incluso naquela exposta na contracapa; entregadores de panfletos de planos de saúde, supermercados, concessionárias, imobiliárias: o texto indica quem está atrapalhando e, por ausência, quem não. A matéria tem caráter educativo importante, já que "somos nós, os consumidores, que traçamos a linha divisória entre o útil e o refugo".[15]

Para construir uma relação de trabalho – lembremos, critério de saúde urbana – havemos de ser consumidos para que também possamos consumir. Em detrimento das crenças daqueles que imaginam que o morador de rua é um sujeito que antes

---

[12] Santos, M. (2005). *A urbanização brasileira* (1993). São Paulo: EDUSP, p. 101.

[13] Trezzi, Humberto (2005). Camelódromo Ipiranga, *Zero Hora,* 18/05/2005, p. 38.

[14] Note-se que o *Jornal Boca de Rua* conta com o apoio da Fundação Maurício Sirotsky Sobrinho, que coordena o próprio *Zero Hora.*

[15] Bauman, Z.; *op. cit.,* p. 161.

fora rico e perdeu tudo, o corte jornalístico acima ilustra claramente sua habitual condição: o "mendigo maltrapilho", antes de ser posto fora das relações de consumo, foi barrado à margem delas. Se há um exercício de reciclagem, de resistência àquilo que se põe fora, ele se refere à venda do periódico e tem cunho jornalístico: sendo a publicação realizada trimestralmente, é comum que o *Boca de Rua* esmere-se não em noticiar, mas em propor discussões sobre algum tema pautado pelos meios de comunicação no período em que a tiragem foi confeccionada. Em tempos em que o jornal de hoje é cada vez mais de ontem e, por isso, dispensável, o *Boca de Rua* busca resistir também ao movimento de evanescência da informação em que o texto se torna dejeto à medida que é lido.

Retomando Michel de Certeau e suas proposições sobre a tática, podemos encontrar o exemplo do trabalho com sucata. A sucata que é posta fora pela "ordem vigente"[16] é reinventada e rearticulada em tal espaço pelas "táticas populares".[17] Tais táticas de "invenções técnicas" e "desvios" são moralmente resistentes ao modelo industrial de produção e consumo, e uma de suas bases é a "política do dom".[18] Difícil não lembrar, nesse contexto, de João Dom: esqueleto na cidade dos corpos malhados, caramujo na cidade da velocidade, cu de peixe na cidade do espetáculo, deu-se nome ao reinventar um *don* que resistiu a ser posto fora. Em sua tortuosa vereda, parece latejar a pergunta: no mundo em que vivemos, o que podemos inventar da sucata que somos?

[16] Certeau, M. de; *op. cit.*, p. 88.

[17] Idem.

[18] Ibidem, p. 89.

"Eu sou aquele que morreu e voltou"

Natalino era pequeno quando lhe deu no querer comer torrões de açúcar. Ele o fez com tamanha sofreguidão e tanto, que caiu duro-morto na cama. Já corriam suas exéquias quando uma senhora de 115 anos disse conhecer o curador de seus males. Entornou querosene na garganta do pequeno, e o líquido desfez as pedras açucaradas do seu estômago. Em poucas horas estava lá o faceiro piá, vivo de novo.

Passados 50 anos, ele contou sua mitológica história a um integrante do *Boca de Rua* que a escreveu em um pedaço de papel. Lida no buchicho da reunião, a história ficou marcada. Transcorreu-se mais de ano, e certo dia Natalino chegou ao encontro dizendo "ô doutor, eu sou aquele que morreu e voltou". O que Natalino queria era publicar "uma história parecida com aquela".

Ele contou que nasceu no interior e, mudando-se para Porto Alegre, morou meia dúzia de anos com a irmã e o cunhado, que era policial. Depois, casou-se e teve dois filhos. Um dia, seu cunhado saiu e não voltou: foi encontrado morto em um matagal. Natalino foi preso como único suspeito e sua foto saiu em destaque no jornal. Dias depois, descobertos os verdadeiros culpados, ele foi solto. A notícia da sua libertação restringiu-se a uma frase posta no desenrolar do texto que publicava o encontro dos assassinos. Envergonhado, confuso, Natalino não voltou pra casa, e agarrou a rua como morada. As sirenes das viaturas o faziam estremecer de medo. Anos depois, mudou de cidade. Ainda vivendo na rua, embriagado, desacatou os policiais que o revistavam. Apanhou muito. Voltou.

Naquele dia em que relatou sua história, a prisão de Natalino contava quase trinta anos. No entanto, era uma das primeiras vezes que ele a narrava para alguém. A partir de então, Natalino começou a trabalhar no Jornal. Na semana seguinte, fez seu relato em gravador, sendo a fita transcrita e entregue a ele junto com o texto. Na edição subseqüente a história foi publicada.

No bafo do trabalho com Natalino foi aberto o espaço chamado *Histórias de rua* – o primeiro nome da oficina tão freqüentada por João Dom. A idéia inicial era que os sujeitos escrevessem histórias que haviam ocorrido em suas andanças, podendo ser declaradamente fictícias – o que significa se relacionar com a "verdade" de modo distinto do Jornal. Porém, não há registro de texto em que o autor acuse invenção. O fato é curioso, pois ao serem exortados a escrever, sempre se diziam despossuídos de histórias; afinal, se a história está guardada na memória, como se dizer desapropriado dela? Perguntava-se por "uma história qualquer", que depois de contada e acolhida, ganhava tinta. Compilados, os garranchos querem ganhar forma de livro. Na publicação, constarão, no mínimo, três histórias de Natalino. Depois de seis meses, ele se despediu do grupo – seu trabalho lá estava feito. Quando o vento enseja, podem-se ouvir seus passos lentos, vindos de visita, a descer o barranco sul. Perguntado sobre como quer dividir os lucros do possível futuro livro ele diz: "o senhor é quem sabe e manda. Se der de agarrar de dar três pra mim tá bom – que ficam dois pros meus filhos e um pra eu mostrar pros outros".

"As pessoas do mundo cor do rico só falam do pobre, não escutam o que eu digo"[19]

Natalino se debate entre reverberações de uma história que não consegue esquecer. Ela retorna com a força de um presente

[19] Início do *rap* intitulado *Grandes amigos*, composto por João Dom.

em sua navegação pela rua toda vez que ouve certos sons, toda vez que está diante de determinados encontros ou desencontros. A radicalidade do acontecido expulsou-o da vida partilhada em um território mais ou menos fixo – a casa – e o lançou na errância da rua, na busca pela possibilidade de dar um destino ao ocorrido. Quer "esquecê-lo", mas para isso, paradoxalmente, precisa registrá-lo em uma dimensão de compartilhamento. Quer testemunhar o que se passou com ele, quer encontrar testemunhas para sua narrativa na aposta de que a violência a que foi submetido possa fazer a passagem dos excessos que caracterizam o trauma, tal qual Freud[20] o preconizou, para o simbólico compartilhado, que permite o desdobrar inventivo dos traços que nele se registram. Como lembra Seligmann-Silva, "o testemunho seria a narração não tanto desses fatos violentos, mas da resistência à compreensão dos mesmos. A linguagem tenta cercar e dar limites àquilo que não foi submetido a uma *forma* no ato da sua recepção".[21] Natalino, fonte de inspiração para a constituição de um espaço de escrita que, a despeito das expectativas, acabou sendo utilizado como um lugar de testemunho, busca simbolizar, pelo compartilhamento com os companheiros de oficina, aquilo que há vinte anos não pára de acontecer. Encontrar um endereço para o vivido é uma das condições necessárias à produção de uma experiência. Encontrar um endereço é tarefa árdua para quem vive na rua.

Para Benjamin,[22] a experiência se tece no íntimo de uma comunidade de ouvintes que se dá o tempo necessário para

[20] Freud, S. (1974). Estudos sobre a histeria (1893-95). In: *Obras psicológicas completas de Sigmund Freud.* 2ª. ed. Rio de Janeiro: Imago, p. 47.

[21] Seligmann-Silva, M. (org) (2003). *História, memória, literatura – o testemunho na era das catástrofes.* São Paulo: Editora Unicamp.

[22] Benjamin, W. (1996). O narrador. Considerações sobre a obra de Nicolai Leskov (1936). In: *Obras escolhidas: magia e técnica, arte e política.* São Paulo: Brasiliense, p.197-221.

escutar as histórias de seus ancestrais. Sua tese é a de que o alargamento das possibilidades de geração, acumulação e transmissão das informações tem estreitado as condições de produção de uma experiência. A comunidade tem-se metamorfoseado em um bando sem rosto, ávido por novas notícias que perdem o seu sentido no momento mesmo de sua enunciação – afinal retiram seu poder da novidade que encerram e não necessariamente de sua pertinência.

Não esqueçamos que Benjamin assiste aos efeitos dos avanços das tecnologias da comunicação e da informação de seu tempo: "uma nova forma de miséria surgiu com esse monstruoso desenvolvimento da técnica, sobrepondo-se ao homem (...). Pois qual o valor de todo esse patrimônio cultural, se a experiência não mais o veicula a nós?".[23] A datação do texto não restringe sua atualidade. Ele é de 1933, mas poderia certamente ser escrito nos dias de hoje. Sua atualidade não precisa ser desdobrada em uma recusa dos avanços que a técnica possibilitou; não necessariamente precisamos nos inclinar na direção de uma ruminação nostálgica e, por que não dizer, em alguma medida estúpida. A atualidade das palavras de Benjamin está na pontuação de que uma ampliação, seja ela da técnica ou do conhecimento, não redunda em uma apropriação humana. Diante desta denúncia nos resta a pergunta: o que pode permitir que o patrimônio cultural acumulado na história dos homens – de cada homem e dos homens – possa se vincular a nós? Quais as condições de transmissão desse patrimônio? O que, em nossos tempos, é legítimo de ser contado? Quem são os contadores autorizados? Não nos espanta que muitos dos freqüentadores do *Histórias de mim* se mostrassem resistentes ao convite para contar uma história. Resistentes e

---

[23] Benjamin, W. (1996). Experiência e pobreza (1933). In: *Obras escolhidas: magia e técnica, arte e política*. São Paulo: Brasiliense, p. 114-119.

desautorizados na medida em que reafirmavam que não tinham nada de significativo para ser escrito, nada de significativo que merecesse registro e transmissão.

Para Benjamin,[24] a experiência é absolutamente dependente da transmissão. É o momento da transmissão que abre espaço à apropriação do vivido denominada pelo autor da experiência. É quando o sujeito se coloca diante da necessidade de fazer passar o vivido pelas tramas da linguagem, numa posição de compartilhamento, que se abrem as condições para a emergência de uma experiência. Certamente, não devemos nos esquecer que cada vivido carrega uma carga traumática que lhe é própria, e com isso encontrará maior ou menor resistência a ser bordeado[25] pelos fios da linguagem.

> Como lemos em Georges Perec "o indizível não está na escrita, é aquilo que muito antes a desencadeou". A impossibilidade está na raiz da consciência. A linguagem/escrita nasce de um vazio – a cultura do sufocamento da natureza e o simbólico, de uma reescritura dolorosa do "real" (que é vivido como trauma).[26]

No limite, a captura do vivido pelas tramas da linguagem representa para cada homem uma solução de compromisso[27] entre a sua necessidade e a sua impossibilidade. Se por um lado compartilhar o acontecido é necessário ao registro do vivido no plano simbólico, por outro, cada sujeito experiência, a cada vez que se põe a contar ou a escrever, a impossibilidade da linguagem de

[24] Benjamin, W.; O narrador. Considerações sobre a obra de Nicolai Leskov, *op. cit.*

[25] Neologismo que quer indicar fazer borda, contornar.

[26] Seligmann-Silva, M.; *op. cit.*, p.48.

[27] Freud, S. (1974) A interpretação dos sonhos (1900). In: *Obras psicológicas completas de Sigmund Freud.* 2ª. ed. Rio de Janeiro: Imago.

recobrir o vivido – este, aliás, entidade mítica irrecuperável. "Essa linguagem entravada (...) só pode enfrentar o 'real' equipada com a própria imaginação: por assim dizer, só com a arte a intraduzibilidade pode ser desafiada – mas nunca submetida".[28]

A arte de Manoel de Barros nos diz dos efeitos da passagem do vivido pelos fios da linguagem. Em seu belíssimo livro *Memórias inventadas* – quais não são? – o poeta nos fala de sua infância, de seus vividos. O início do livro dá o tom do trabalho: "tudo que não invento é falso".[29] Manoel de Barros, na contramão de uma cidade e de uma gente que quer se desfazer de seus restos; que quer, como nos alerta Benjamin,[30] lembrando o título do poema de Brecht, apagar seus rastros, eleva, com sua escrita, ao estatuto simbólico os vestígios que o tempo deixa nos objetos e memórias perdidos na infância. Seu poema prosa *Desobjetos* é magistral na arte de fazer ver os efeitos da linguagem sobre o mundo das coisas deixadas esquecidas. O menino esquerdo encontra no quintal um pente que, mais próximo de não ser pente,

> estaria mais perto de ser uma folha dentada. Dentada um tanto que já havia incluído no chão que nem uma pedra um caramujo, um sapo. Era alguma coisa nova o pente. O chão teria comido logo um pouco de seus dentes. Camadas de areia e formigas roeram seu organismo. Se é que um pente tem organismo (...). Acho que os bichos do lugar mijavam muito naquele *desobjeto*. O fato é que o pente perdera a sua personalidade.[31]

No quintal de uma infância onde o menino esquerdo vê o mundo pelo avesso e tem cacoete de poeta, desponta a

---

[28] Seligmann-Silva, M.; *op. cit.*, p.47.

[29] Barros, Manuel de (2003). *Memórias inventadas – a infância*. São Paulo: Planeta.

[30] Benjamin, W.; Experiência e pobreza, *op. cit.*

[31] Barros, M. de; *op. cit.*

possibilidade, tão avessa a nossos tempos, de criar a partir dos restos, de apanhar desperdícios e alçá-los à dignidade das coisas mais preciosas. No território onde os restos são potência para uma criação, o mercado dos objetos perde seu caráter imprescindível, e nisso talvez resida a potência subversiva do trabalho com as produções de linguagem resistentes às operações que configuram os sentidos compartilhados em um tempo e um espaço.

Estranhamente, o que confere consistência e estabilidade ao artifício humano, ao mundo e a nós mesmos é uma série de desobjetos. Desobjetos produzidos por obra de um investimento amoroso que captura a coisa, desloca-a de sua suposta natureza e a faz existir no mundo dos símbolos, no mundo da linguagem. Não almejaria ser a cratera borbulhante, oriunda de uma confluência barulhenta e esfumaçada de três ruas-rios, o caldeirão onde se faz nascer novos desobjetos?

Os participantes do *Histórias de mim* de algum modo agiram como o poeta, tomando os vestígios de suas histórias e, como uma criança que brinca – posição, segundo Freud,[32] de todo escritor criativo –, lançando-os à dimensão simbólica em que o impossível de uma representação pode ser, se não submetido, desafiado. Muitos foram os pentes tirados dos cadernos que traziam os vestígios das andanças de uma semana pelo tempo e pela rua.

Mas os desobjetos não se fazem sozinhos. Toda invenção retira do compartilhamento a sua consistência. A perspectiva do compartilhamento tem aqui especial relevância, pois não se trata de produzir uma narrativa-desobjeto encapsulada no circuito autoerótico de uma fala que não busca como endereço a alteridade,

---

[32] Freud, S. (1974). Escritores criativos e devaneios (1908). In: *Obras psicológicas completas de Sigmund Freud*. 2ª. ed. Rio de Janeiro: Imago.

mas de um contar que se dirige ao outro, que inclui o Outro enquanto Lei de um código compartilhado. Escrever no *Histórias de mim* era escrever com os outros, companheiros de oficina, e com o Outro, linguagem partilhada que promove, a um só tempo, o laço e a diferença entre cada integrante da oficina. A possibilidade de produzir um texto neste território comum representa por si só uma resistência a um tempo de aceleração da vida e rarefação dos espaços comuns. Benjamin,[33] em 1936, já nos dizia que o outro não estava mais tão disponível para ouvir.

A dificuldade de que as histórias encontrem ouvintes, Benjamin[34] trabalhou-a de forma muito especial a partir de um pequeno conto de Kafka, *Uma mensagem imperial*. Nele o imperador envia a "ti, súbdito solitário e lastimável" uma mensagem de seu leito de morte. Chama o mensageiro, sussura-lhe a mensagem, pede que a repita – tal a importância da exatidão das palavras – e este sai escavando caminho entre a multidão que assiste à morte do imperador.

> Mas a multidão é enorme; suas moradas não têm fim. Estivesse o terreno livre, como voaria, breve ouvirias na porta o golpe magnífico de seu punho. Mas, em lugar disso, como são inúteis seus esforços; continua ainda a forcejar por entre as salas do palácio interior; jamais conseguirá atravessá-las; e se conseguisse, nada estaria feito; precisaria empenhar-se em descer as escadas; e se as vencesse, nada estaria feito; teria que percorrer os pátios; e depois dos pátios, o segundo palácio circundante; e novamente escadas e pátios; e mais outro palácio; e assim por milênios; e quando finalmente escapasse pelo último portão – mas isto nunca, nunca poderia acontecer – teria apenas chegado à capital, o centro do mundo, atulhada até em cima com toda a sua ganga.

[33] Benjamin, W.; O narrador. Considerações sobre a obra de Nicolai Leskov, *op. cit.*
[34] Benjamin, W.; *op. cit.*

> Ninguém consegue passar por aí, muito menos com a mensagem de um morto. Mas, sentado à janela, tu a imaginas, enquanto a noite cai.[35]

A mensagem não pode chegar a seu destino, a multidão é "enorme, suas moradas não têm fim". E como não pode chegar a seu destino, como não pode encontrar um ouvinte, a transmissão, que conferiria ao vivido o estatuto de experiência, segue esperando por acontecer. Natalino, que carrega consigo a mensagem de um morto (vivo), ele próprio, levou trinta anos para encontrar os súditos capazes de passar adiante sua história de uma injustiça que não ganhou retratação.

Nas enormes cidades, com seus não-lugares, habita uma multidão sem rosto que espera uma mensagem nominal que não chega. Mas não é só porque o mensageiro não encontra o destinatário que uma transmissão pode se deparar com pedras no meio do caminho, também por conta de um súdito que não suporta ouvir a mensagem, que de "pronto se põe em marcha" na direção oposta a do mensageiro, o contado pode não encontrar testemunha.

Gagnebin[36] num primoroso trabalho sobre o lugar da testemunha nas condições de produção de uma experiência, recorda uma conhecida passagem de Primo Levi, na qual ele relata um sonho que lhe surgia de modo recorrente no campo de Auschwitz – sonho compartilhado também por outros companheiros submetidos ao mesmo terror. Levi sonhava que estava de volta à sua casa e que numa "felicidade interna, física, inefável"[37] se encontrava entre pessoas amigas e diante da almejada possibilidade de compartilhar o horror que tinha vivido. Queria contar o que

---

[35] Kafka, F. (2004). Uma mensagem imperial. In: *Um médico rural*. Lisboa: Assírio e Alvim.

[36] Gagnebin, J. M. (2006). *Lembrar escrever esquecer*. São Paulo: Ed. 34.

[37] Levi, Primo (1988). *É isto um homem?* Rio de Janeiro: Rocco, p. 60.

havia se passado com ele e seus companheiros. "Mas bem me apercebo de que eles não me escutam. Parecem indiferentes, falam entre si de outras coisas, como se eu não estivesse. Minha irmã olha para mim, levanta, vai embora em silêncio".[38] A insuportabilidade de ouvir e, ao ouvir, desafiar a impossibilidade de compartilhar os horrores do campo de concentração impede os ouvintes de ficar. A alteridade absoluta que marca esta vivência tornando-a algo que resiste às condições de representação faz retumbar a pergunta sobre se ela pertence à esfera do que podemos adjetivar como humano. A impossibilidade de ouvir, ao mesmo tempo em que sublinha a alteridade com que se reveste o vivido, impede que algo deste ganhe registro simbólico pelo compartilhamento da memória narrada. A inclusão do vivido no circuito simbólico, e as conseqüentes possibilidades de (re)invenção que este registro pode lhe conferir, depende do compartilhamento. Daí Gagnebin sublinhar, nesta retomada do sonho de Levi, *a função dos ouvintes* que

> para desespero do sonhador, vão embora, não querem saber, não querem permitir que essa história, ofegante e sempre ameaçada por sua própria impossibilidade, os alcance, ameace também *sua* linguagem ainda tranqüila; mas somente assim poderia essa história ser retomada e transmitida em palavras diferentes.[39]

A função dos ouvintes e as dificuldades de exercê-la não são estrangeiras ao trabalho no *Histórias de mim*. Há momentos em que aquilo que se ouve ou se lê atua com tal violência que é tarefa árdua não recuar diante do endereçamento que ali está em curso. É comum a todos os profissionais que trabalham no *Boca*

---

[38] Idem.

[39] Gagnebin, J.M.; *op. cit.*, p.57.

de Rua precisarem de um tempo entre o final do encontro e qualquer outra atividade que se imponha. É preciso se recompor da difícil tarefa de testemunhar, pois "testemunha não seria somente aquele que viu com seus próprios olhos (...). Testemunha também seria aquele que não vai embora, que consegue ouvir a narração insuportável do outro e que aceita que suas palavras levem adiante, como num revezamento, a história do outro".[40]

O difundido jargão "dar voz a quem não tem" – *slogan*, aliás, do *Boca de Rua* no início de sua história – cai por terra. Antes, o trabalho no jornal consiste na escuta e na criação de espaços para reverberação dessas vozes que querem encontrar algum endereço. Oposto ao movimento de segmentação da mídia – que produz veículos destinados a a públicos específicos –, o *Jornal Boca de Rua* é escrito sem ter clientela preestabelecida: ele se volta a todos que quiserem pensar sobre a vida nas sendas urbanas. O trabalho no *Jornal* busca inventar na rua, gradeada por longas beiras, uma margem terceira, em que o movimento não seja de exclusão do outro perigoso, mas onde haja a possibilidade de se criar diversa relação com esse estranho que se avizinha.

[40] Idem.

O *Witz* como modelo de escrita narrativa

André Bolzinger

Eu gostaria de lhes propor algumas reflexões sobre o *Witz*, sobre o chiste. Parece-me que podemos considerá-lo um objeto de dupla face. Por um lado, o *Witz* interessa à psicanálise e sua prática da linguagem. Freud, vocês sabem, consagrou-lhe um estudo em 1905, durante esse período inaugural em que trouxe à luz os traços mais marcantes do inconsciente, aqueles que pertencem à vida cotidiana, e que o sonho, o esquecimento, o lapso e, enfim, o chiste revelam. Por outro lado, o *Witz* é uma espécie de escrita e nós veremos em que sentido sustentar esta afirmação algo paradoxal. Eis porque, entre psicanálise e escrita, o *Witz* pode dar uma contribuição aos debates deste dia[1].

Permitam-me continuar dizendo *Witz* em vez de chiste [*mot d'esprit*]. Eu prezaria levá-los a perceber a ambigüidade e a riqueza desse termo que, a rigor, não tem equivalente em outras línguas. Em que ele é ambíguo? Um *Witz* é primeiramente uma palavra [*mot*], uma boa palavra, um jogo de palavras. Isso engloba todo um repertório de palavras mais ou menos divertidas, mais ou

[1] Este trabalho foi apresentado no "Colloque du Samedi" de 24 de Maio de 1997, intitulado *Psychanalyse et Écriture. De la trace à la lettre*, organizado por Le Point de Capiton – Espaces de Recherches Psychanalytiques et des Disciplines Affines, no "Moulin à Paroles", em Avignon, França. As atas do Colóquio, incluindo este texto de André Bolzinger, estão disponibilizadas, desde 26 de outubro de 2000, em . A tradução e as notas de rodapé são de Fernando Aguiar.

menos mordazes – digamos, toda a gama que vai do *Almanaque Vermot*[2] até às cartas mais espirituosas de Voltaire. Mas um *Witz* é também e ao mesmo tempo uma história, uma história bizarra e uma história divertida, uma anedota em forma de piada, uma pequena cena que se apresenta como um esquete. Será preciso levar em conta as duas partes dessa definição. O *Witz* é uma palavra. O *Witz* é uma história.

Passemos a Freud. Vou tomar-lhe emprestados alguns exemplos de *Witz*, aos quais ajuntarei outros, pedindo indulgência sempre que um *Witz* lhes parecer excessivamente conhecido. Vocês sabem que a análise freudiana do *Witz* acentua, sobretudo, a palavra, acentua os procedimentos e as manobras que fazem com que uma palavra, uma simples palavra se torne um chiste. Aliás, essa palavra é sublinhada em itálico no texto [de Freud]. São, por exemplo, os trocadilhos, em particular com nomes próprios: Madame de Maintenant, para designar aquela que foi a amante de Luís XIV. Esse chiste é citado por Freud. Eis aqui outro que ele não pôde conhecer. O General [de Gaulle] teria dito a seu primeiro-ministro: seja duro, Pompidou...[3] E imaginem vocês um lugar para abrigar colóquios, um lugar onde se vem falar, debater e discutir, e este lugar se chama Moulin à Paroles! É bem assim que sua Majestade a Palavra reina sobre o reino do *Witz*.

Ao lado dos trocadilhos que vêm parasitar um patronímico ou um toponímico, seria possível enumerar outros tipos de palavras

[2] Almanaque humorístico regional francês (de Estrasburgo), publicado anualmente, como de praxe nesse tipo de publicação, e a partir de 1886. Cabe lembrar, sobretudo aos mais jovens: um almanaque é "uma publicação que, além de um calendário completo, contém matéria recreativa, humorística, científica, literária e informativa" (Aurélio B. de H. Ferreira. *Novo dicionário da língua portuguesa*. Rio de Janeiro: Nova Fronteira, 1986, p. 88).

[3] Georges Pompidou, então primeiro-ministro de Charles de Gaulle (presidente da República e herói de guerra francês) e, mais tarde, ele próprio também presidente. A última parte do sobrenome do ministro soa como *doux*, doce, em português. Ora, *doux* é antônimo de *dur* (duro) – aqui, no sentido (figurado) de rigoroso, severo.

tornadas chistes. Isso equivaleria a fazer brilhar a astúcia de uma réplica ou a estocada de um escárnio, seria também o momento de puxar todo tipo de charadas e adivinhações. Veremos que se trata sempre de brincar com uma palavra, brincar de bascular [*faire basculer*][4] o duplo sentido de uma palavra, precisamente dessa palavra que no texto de Freud aparece em itálico.

Em seguida, Freud distingue outra forma de *Witz*, em que várias palavras estão em jogo, isto é, uma frase ou várias frases que compõem um raciocínio ou um aforismo. Toda uma série de palavras que fazem um traço espirituoso [*trait d'esprit*] é impressa no texto de Freud. Seria necessário dar-lhes algumas amostras extraídas dele ou de outros. Seja, por exemplo, essa fórmula que parece circular nos corredores do CNRS[5]: "pesquisadores que procuram, achamos; pesquisadores que acham, procuramos..."[6] Vocês vêm que o *Witz* aqui não joga com uma palavra em particular, mas com o conjunto de todas essas palavras, com a articulação

[4] A propósito, o dicionário Houaiss (Houaiss *et al. Dicionário eletrônico Houaiss da língua portuguesa*. Rio de Janeiro: Objetiva, 2001. CD-ROM) reconhece o verbo (transitivo direto) "bascular", primeiro nos sentidos de "virar um recipiente com a boca para baixo, fazendo-o girar em torno de um eixo horizontal, e de impor movimento giratório a (caixilho, janela basculante, etc.). Bascular remete diretamente a porta ou janela basculante – e o sentido fica um pouco mais claro que "fazer báscula", galicismo mais comumente utilizado entre nós. Na língua francesa o verbo *basculer* é definido como "fazer um movimento de báscula". O substantivo feminino *báscula*, que significa também "balança decimal", é segundo o dicionário *Aurélio* (*op. cit.*, p. 237) o "movimento análogo ao do básculo". *Básculo*, por sua vez, é "uma ponte levadiça, com contrapeso" e "uma peça de ferro, móvel, apoiada num pino para abrir e fechar ferrolho de porta, janela, etc". Um dos sinônimos de *basculer* é *renverser* (ou seja, para o que nos interessa, "tombar", "virar pelo avesso ou de ponta-cabeça"). O substantivo *renversement*, que também aparece no original deste texto, além de inversão e alteração (utilizado aqui, na última página, em "alterações de posição"), pode ser traduzido por reviravolta, como na tradução brasileira de "Intervenção sobre a transferência", de Lacan (*Escritos*. São Paulo: Perspectiva, 1978). Cf. N. da T., na p. 90: "*renversements* (interversões no sentido dialético, cf. Voc. Psic. [sic], ao qual preferimos o termo de [sic] 'reviravoltas')".

[5] Centre National de la Recherche Scientifique (Centro Nacional da Pesquisa Científica).

[6] A notar que na transposição deste *Witz* para o português – *"Des chercheurs qui cherchent, on en trouve; des chercheurs qui trouvent, on en cherchent"* –, perde-se um dos termos de seu jogo de palavras: *chercheur*, ou seja, pesquisador, em português.

de duas proposições invertidas que fornece o equivalente ao efeito de báscula. Poderíamos nos deter para analisar o efeito que revela a felicidade do equívoco; mas passo imediatamente a um exemplo que fazia a alegria de Freud, e que eu adapto um pouco.

Dois judeus de Carpentras encontram-se na estação de Avignon, no TGV. "Aonde vai?" – diz um. "A Lyon" – responde o outro. Então o primeiro se zanga: "você mente, diz que vai a Lyon para me fazer acreditar que vai a Paris, mas eu sei que você vai mesmo a Lyon!"[7] É preciso ter o espírito sagaz e o hábito de discutir sobre miudezas para apreciar verdadeiramente esse *Witz*... Freud reservava um lugar importante para esses *Witz* de *raisonneurs*[8], que são vícios do raciocínio, sofismas *à la petite semaine*[9], exercícios lógicos em *trompe l'oeil*[10]. Inútil retomar mais em detalhe a substância preciosa das análises de Freud; quero somente lembrar-lhes do ângulo sob o qual ele aborda o *Witz*.

[7] "Você me pede algumas precisões sobre o *Witz* da estação ferroviária de Avignon. É evidentemente uma transposição do exemplo freudiano dos dois judeus poloneses, que discutem sobre a viagem deles a Cracóvia ou a Lemberg (hoje Lvov) [cf. Sigmund Freud. Os chistes e sua relação com o inconsciente. In: *Standard Edition da obra psicológica completa de Sigmund Freud*, v. VIII. Rio de Janeiro: Imago, 1977, p. 136]. Para tornar o exemplo acessível aos leitores francófonos, imaginei dois judeus originários de Carpentras, uma cidade do departamento do Vaucluse, onde se encontra uma importante comunidade israelita. Eles se encaminham à estação mais próxima, Avignon, para tomar o TGV em direção a Paris passando por Lyon. Eles se altercam a propósito do destino que um anuncia ao outro: Lyon ou Paris são, como Cracóvia ou Lemberg no *Witz* de origem, as próximas paradas do trem" (André Bolzinger, e-mail de 20 de fevereiro de 2007). Muitos brasileiros, ou ao menos os nascidos em Minas Gerais, já ouviram uma versão desse *Witz*, no qual, em vez de judeus, são mineiros os dois protagonistas.

[8] Literalmente, "raciocinadores", ou ainda reflexivos. Refere-se à "pessoa que discute, replica" (por exemplo, "uma mocinha *raisonneuse* e desobediente"), e à "pessoa que raciocina, reflete", como na frase de Taine: "O Grego é ainda mais *raisonneur* que o metafísico ou cientista [*savant*]" (Paul Robert. *Le Petit Robert*. Paris: Dictionnaires Le Robert, 1990, p. 1598).

[9] "... que não resulta de um plano de conjunto, de previsões em longo prazo" (Paul Robert, *op. cit*, p. 1793).

[10] "Pintura que visa essencialmente criar, por artifícios de perspectiva, a ilusão de objetos reais em relevo". Figuradamente, significa "aparência enganadora, coisa que ilude" (Cf. Paul Robert, *op. cit.*, p. 2027).

Quer se trate do *Witz* com uma palavra ou do *Witz* com várias palavras articuladas em um raciocínio, é sempre a palavra que constitui o pivô central da análise freudiana do *Witz*.

Aqui eu gostaria de ajuntar um argumento um tanto oblíquo para explorar outra direção. Pode ser que o mecanismo do *Witz* não seja simplesmente uma questão de palavras em báscula. Tomemos esse *Witz* extraído também da coleção de Freud. Uma pessoa encontra uma outra. "Como vai você?" – diz uma; "como você pode ver" – ,responde a outra... Aqui há realmente um chiste? Essas fórmulas de saudação são absolutamente banais e parece não haver nada de picante nessa troca de frases convencionais.

Contudo, se acrescentamos um pouco de contexto e sendo este o *Witz*, por exemplo: um cego encontra um paralítico. "Como vai você?" – diz um; "Como você pode ver" – responde o outro. Agora o *Witz* se ilumina e as palavras são compreendidas num jogo de báscula[11]. Mas foi preciso pôr em cena duas silhuetas, organizar o encontro delas e suscitar em nós a questão: o que eles vão poder se dizer? Esperamos ouvi-los e essa mini-intriga se resolve com fórmulas banais de polidez. E é precisamente aí que ricocheteia e faz báscula. Inserir itálico no texto desse *Witz* resultaria numa operação por demais artificial.

Eis outro chiste citado por Freud: este homem tem um grande futuro atrás dele. A expressão parece estranha e chegamos a nos interrogar: é mesmo um *Witz*? Basta dizer coisas bizarras

---

[11] Erikson Kaszubowski (mestrando do Programa de Pós-graduação em Psicologia, UFSC, que releu criticamente esta tradução e comentários) considera digno de nota que a saudação do cego ao paralítico ("Como vai?") se diz em alemão, formalmente, *Wie geht es Ihnen?* ou, informalmente, *Wie geht es dir?*. "Poderíamos traduzir por 'Como vai?', sem problema algum, mas uma tradução mais literal, e ainda assim correlata com o que usamos, seria em português: 'Como vai a vida?'. Ainda assim o chiste continua a ter seu valor, pois poderíamos ler: "Como isso anda?" Verifiquei no texto original que Freud usa o *Wie geht's?*, uma versão ainda mais informal e coloquial". O verbo *gehen* também significa "andar", o que a seu ver torna o chiste, contado por Freud obviamente em sua língua, ainda mais saboroso.

para ser espirituoso? Mas acrescentemos um pouco de contexto, por exemplo, evoquemos um jovem político, prefeito numa grande cidade do sudeste [francês] e terminemos seu retrato e seu currículo com essa fórmula: ele tem um grande futuro atrás dele. Vocês vêem, não basta jogar com as palavras, não é suficiente colocar na mesma frase duas palavras incompatíveis como "futuro" e "atrás dele"; é preciso que a associação insensata ganhe sentido no interior de uma seqüência narrativa ou, pelo menos, numa alusão transparente a alguém cuja história seja bastante conhecida.[12]

Vocês estão vendo despontar meu argumento: o *Witz* não é apenas um jogo de palavras, apoiado em algumas palavras sublinhadas com itálicos. O trocadilho Maintenon/Maintenant cai completamente no vazio diante de um público que não faça qualquer idéia de Luís XIV e de suas amantes sucessivas[13]. E se não estivéssemos aqui, neste lugar, eu teria de contar as coisas com mais detalhes para situar o Moulin à Paroles[14] e a passagem do TGV na estação de Avignon. Sem esses pedacinhos explícitos ou implícitos de narrativa[15], sem esse enquadramento narrativo, sem esse historiar que capta a atenção e dá ao jogo de palavras o que há de mais precioso, o *Witz* seria apenas uma acrobacia verbal,

---

[12] A alusão nesse *Witz*, em princípio, é apenas transparente para os habitantes desta região da França. "Os eleitores de Lyon e de Grenoble presenciaram recentemente o inicio brilhante e o fim prematuro de uma carreira. Dois homens tinham entrado com estardalhaço na vida política, conquistando o lugar de prefeito e logo em seguida um posto de ministro. A imprensa os via caminhar para as mais altas funções da República. Mas, acusados de malversações, tiveram que passar pelo tribunal e foram condenados. Quando saíram da prisão, eram ainda jovens, mas atrás deles ficara o belo futuro que lhes parecia prometido" (André Bolzinger, e-mail de 22 de março de 2007).

[13] Ou que, além disso, desconheça totalmente a língua francesa. O trocadilho se faz aqui pela grafia quase idêntica e por assonância parcial entre *maintenant*, "agora" em francês, e *Maintenon*, de fato, o sobrenome de uma das amantes circunstanciais de Luís XIV.

[14] *Moulin à paroles*: literalmente "moinho de palavras". No francês falado e mesmo escrito da língua cotidiana, *moulin à paroles* é uma expressão destinada a uma "pessoa que fala sem parar". O mesmo que *bavard(e)* (Cf. Paul Robert, *op. cit.*, p. 1326), termo hoje, aliás, de uso mais comum.

[15] *Récit*, no original, que se traduz também por relato.

uma contorção aparentemente lúdica. Jamais ele é inocente. Ouçam, por exemplo, um orador que enuncia um trocadilho ou um gracejo sem se preocupar com o contexto das palavras com as quais ele joga, como se o peso da história fosse um "detalhe" a negligenciar: haveria um efeito de desordem. Esse jogo de palavras que se quer manter à margem de todo contexto não pode ser considerado um *Witz*, ele não é narrável... Pode ser que a imprensa o difunda como uma informação, mas ninguém vai contá-lo como se conta uma boa história.

O *Witz* enquanto história a narrar adquire evidentemente um lugar central nos exemplos de Freud. Vocês sabem que ele tinha uma grande afeição pelas histórias judias, em particular, as histórias de casamenteiros e as histórias de caloteiros[16]. Elas são todas construídas sobre o mesmo modelo: um encontro, uma expectativa, um desfecho inesperado que revela num mesmo golpe e ao mesmo tempo o mal-entendido e a verdade. A cada vez temos uma trama narrativa, um cenário miniaturizado, um esboço de intriga e o bote final, o lugar por excelência para um jogo de palavras em báscula.

Freud associa às histórias judias as histórias ditas licenciosas. Não esperemos dele que publique piadas verdadeiramente salgadas, mas são histórias bem típicas sobre as relações entre homens e mulheres. Eis uma desse filão: qual é a diferença entre um diplomata e uma virgem? Quando um diplomata diz sim, quer dizer talvez; quando diz talvez, quer dizer não; quando diz não, não é mais um diplomata. Para a virgem, é o contrário: quando ela diz não, quer dizer talvez; quando diz talvez, quer dizer não; quando diz sim, não é mais uma virgem... Não digam que

[16] *Tapeur*, o termo francês original, é de fato usado para qualificar pessoas que tomam dinheiro emprestado com freqüência (Cf. Paul Robert, *op. cit.*, p. 1923). A tradução é, portanto, apenas alusiva: afinal, se para chegar a ser conhecido como caloteiro, o sujeito tem que tomar dinheiro emprestado várias vezes, não necessariamente ele deixará de pagar a dívida, até mesmo como condição para manter o hábito.

nenhuma história é contada por essa adivinhação! Há realmente uma trama narrativa e nela podemos reconhecer os momentos essenciais: um encontro, uma expectativa, as bases de uma negociação diplomática e as de uma negociação erótica. E, além disso, a comparação divertida de uma com a outra.

O que é primordial, se vocês quiserem contar uma história como essa, é ordenar convenientemente a sucessão do sim, do não, do talvez. A narrativa repousa inteiramente na apresentação dos elementos narrativos em certa ordem. Nada acontece se começarem pelo sim, ali onde é preciso começar pelo não. Será um fracasso se vocês não respeitarem as posições respectivas do sim e do não e a posição intermediária do talvez. Para um *Witz*, como para uma batalha, explica Freud, o que é decisivo é ocupar certa posição. Quando vocês contam um *Witz*, portanto, é preciso colocar as palavras em certo alinhamento; é preciso guardar para o fim, para a palavra do fim, a palavra sobre a qual o sentido bascula; é preciso construir um agenciamento narrativo bem ajustado para conseguir que o *Witz* produza seu efeito. E como, mais amiúde, o narrador conta uma história que não é de invenção própria, mas que ouviu um dia, ele deverá recitar palavra por palavra o *Witz* que conta, e desenrolar a pequena mecânica verbal sem se afastar do *mode d'emploi*[17]. Senão, é o malogro, deixa de ser um *Witz*, é não importa o quê.

Dá-se o mesmo com qualquer um que almeje contar uma história. Por exemplo, o psicanalista que quisesse relatar um tratamento ou um fragmento de análise (vejam como Freud faz!). Isso vale também para alguém, não importa quem seja, vocês ou eu, que queira contar sua vida ou certos momentos de seu

[17] "Orientação ou manual de uso" é a expressão de praxe entre nós. Contudo, se a expressão francesa, como a nossa, designa um conjunto de indicações sumárias que explicam a maneira de se servir de um objeto (Paul Robert, *op. cit.*, p. 631), seu uso no francês, sobretudo oral e cotidiano, é corrente no plano metafórico, como neste caso.

passado. Para cada um desses empreendimentos, retira-se uma lição do *Witz*.

Se quero contar uma parte da minha vida, não é certo que vá encontrar um ouvinte ou um leitor interessado em minha narrativa. Suponhamos que conte o que me aconteceu, escolhendo dizê-lo simplesmente como me vem à memória: se a autobiografia permanece oral, com ou sem divã, será preciso que eu pague para que me escutem; se fizer disso uma crônica manuscrita, reagrupando minhas lembranças por tema ou por período, e se encontro um editor indulgente, meu livro será um *patchwork*[18] apenas legível. Então, como narrar? Vocês reconhecem a questão que anima de uma extremidade a outra o livro de Semprun, *A escrita ou a vida*[19]. Como contar de maneira a não entediar? Como introduzir na narrativa os ingredientes que a tornarão narrável? Semprun é com certeza um caso limite: como contar o horror do campo [de concentração]? Mas a questão se impõe *a minima* cada vez que um narrador se encontrar diante da folha branca, cada vez que um viajante quiser partilhar oralmente com os amigos as peripécias de viagem.

Na prática do *Witz* podemos talvez encontrar algumas respostas para essa questão relativa à maneira de contar uma história. Eu os convido a considerar o *Witz* um modelo de narração. Modelo reduzido, certamente, mas um modelo a seguir. Aqui está uma narrativa eficaz, em poucas palavras, uma narrativa que escutamos até o fim e que temos vontade de repetir para outros.

[18] "Diz-se do tecido feito com retalhos retangulares de tecidos de cores ou estampados diferentes, cosidos entre si, ou do tecido com estampado que repete o motivo acima" (Aurélio B. de H. Ferreira, *op. cit.*, p. 1280).

[19] Escritor franco-espanhol, também roteirista de cinema (por exemplo, dos filmes políticos do diretor francês, de origem grega, Costa-Gavras), Jorge Semprun publicou em 1994 um livro de mesmo nome – no original, *L'écriture ou la vie, souvenirs* (*A escrita ou a vida, recordações,* em tradução literal) – pelo qual recebeu, inclusive, o prêmio de literatura Fémina Vacaresco.

Mais ainda que um modelo, o *Witz* seria quase um discurso do método para contar uma história.

O que é contar uma história? Não se trata de improvisar, mas de recitar um relato, um relato estruturado, e que foi composto, ordenado, construído. São imperativos incontornáveis. O que acontece se dissimulamos? Se, querendo contar, seguirem simplesmente a ordem cronológica dos acontecimentos, vocês farão uma reportagem, ou um currículo, ou um resumo, não uma narrativa. Se, querendo contar, vocês expõem suas impressões e reminiscências, deixando-se guiar pelas associações, reunirão uma miscelânea [*pot-pourri*] de lembranças, será um documento precioso, mas a narrativa resta a fazer. Para obter um relato estruturado, isto é, um relato contável sobre o modelo do *Witz*, é preciso tecer uma trama narrativa em função de um público suposto, é preciso extrair dos documentos uma intriga, isto é, uma situação de expectativa, algumas idas-e-vindas e um desfecho. Em suma, é preciso organizar uma seqüência verbal que imite as intrigas, as idas-e-vindas e os desfechos da vida. Estamos aqui com Aristóteles, entre *mimesis* e *catharsis*[20]. É sobre esse trilho que rola a narrativa miniaturizada do *Witz* e, mais geralmente, toda narrativa contável.

Eu ia concluir com isso, mas pressinto uma objeção. Quando se trata de escrita nessa história de *Witz*? Objeção pertinente... O *Witz* é por definição algo que se transmite de boca a ouvido, um trecho de literatura oral, um artigo cultural que se difunde e desaparece como perfume. Apenas por um feliz acaso ele é registrado e publicado. E se pela via dessa inscrição nos acontece de

---

[20] Aristóteles define a *mimesis* como "imitação dos homens em ação", "por meio de uma ação". Nesse caso, a tragédia imita não os homens, mas uma ação. Com o termo *catharsis* – designando o efeito principal operado sobre o expectador pela *mimesis* trágica – ele quis caracterizar um processo mais médico do que moral ou pedagógico, mais próximo da *purgação* (como no "tratamento catártico", de Breuer e Freud) que da *purificação*. São de toda maneira numerosos os debates sobre o tema.

reencontrar os *Witz* de antigamente, por exemplo, os gracejos e as piadas propagadas durante a Guerra e sob a ocupação, nós mensuramos muito rápido que mais de 50 anos se passaram e que essas historietas perderam um pouco de seu sabor. O *Witz* não tem o estatuto de *scriptum*[21] (no sentido de *scripta manent*[22]); são palavras voláteis, às vezes, *fliegende Blätter*[23], sem termos de comparação com o que foi inscrito, impresso no papel, gravado no rochedo ou tatuado de maneira indelével na superfície da pele.

Parece-me, entretanto, que o *Witz* não escapa à escrita, uma escrita oral de alguma forma, isto é, o agenciamento artesanal e minucioso de um material fonético, lexical e sintático. Da mesma maneira que um texto escrito, o *Witz* opera uma disciplina do discurso [*parole*][24], um discurso rigorosamente disciplinado, um

---

[21] Escrito, peça escrita, rascunho, minuta; redação; livro, obra, manuscrito (Henri Goelzer. *Dictionnaire Latin-Français*. Paris: Garnier Frères, 1966, p. 529).

[22] Uma referência ao provérbio latino "*Verba volant, scripta manent*", ou seja, "As palavras voam, a escrita fica" (Cf. Paulo Rónai. *Não perca o seu latim*. Rio de Janeiro: Nova Fronteira, 1980).

[23] Literalmente, folhas ou páginas voadoras ou volantes. "'Folha volante' é o nome que se dá a um impresso tirado em folha solta, às vezes dobrada ao meio, que contém circular, anúncio, manifesto, etc., e em geral é distribuído ou espalhado pelas ruas" (Aurélio B. de H. Ferreira, *op. cit.*, p. 795). A propósito, já que este texto tem o *Witz* como objeto privilegiado de exame, a expressão deu nome a uma revista (*Fliegende Blätter*) semanal, ilustrada inteiramente em preto e branco, e publicada em Munique ("As Folhas Voadoras de Munique") a partir de 1844. Nela e em outros hebdomadários da imprensa alemã igualmente "satíricos" (nos quais, deve-se lembrar, a caricatura tem lugar de destaque), originaram-se por volta de 1860 as primeiras "histórias em quadrinhos mudas" (definem-se pela ausência de palavras), que só chegariam à França em torno de 1880, em revistas como *Tout Paris* ou *Le Chat Noir* (cf.). Tem-se que o aspecto geral das *Fliegende Blätter* já estava ultrapassado em 1914, início da Grande Guerra, como se pode observar nos belos, divertidos e nostálgicos quadrinhos de seu n° 3792, de 1918 ().

[24] A língua francesa dispõe de *mot* e *parole* para traduzir "palavra" em português. O primeiro emprego conhecido do substantivo feminino *parole* remonta a 1080, do latim popular *paraula* e do latim eclesiástico *parabola*, "comparação". Constituindo "o elemento simples da linguagem articulada" (Paul Robert, *op. cit.*, p. 1362), emprega-se *parole* no sentido de enunciado, discurso, *propos* (propósito) – este termo, que significa, como em português, intenção, resolução, projeto, é muito usual na língua francesa também como palavras (*paroles*) ditas, trocadas, pronunciadas no decorrer de uma conversação. Diz-se *de belles paroles* (promessas); *donner la parole* (dar sua palavra); *tenir parole* (fazer cumprir o que foi prometido). *Mot*, por sua vez um substantivo masculino, e ainda mais

relato composto e calculado em função de uma estratégia narrativa, um relato fixado em sua forma e recalcitrante aos resumos e às deformações de toda sorte.

A noção de escrita oral merece ainda algumas palavras. Ela bate de frente com a questão da inscrição. Com efeito, a inscrição recorre a um suporte material sobre o qual serão registrados os signos chamados a fazer traço. Todo esse dispositivo permanece estrangeiro ao *Witz*. O *Witz* prende-se apenas à atualidade, ele se inspira no ar do tempo e se desdobra no vivo do discurso, sem recorrer a qualquer suporte que assegure sua perenidade. Portanto, nenhuma inscrição há para o *Witz*.

Mas ainda assim uma inscrição, um verdadeiro trabalho de escrita. Ele precisa se curvar às saliências da língua, utilizar o grão das palavras, jogar com os contrastes e as inversões de posição. Quando terminado o trabalho, o resultado é estável, o *Witz* vai passar de boca em boca como se o texto estivesse gravado e

---

antigo (data do século X), origina-se do baixo latim *muttum*, radical *muttire*, soprar palavra, falar. Define-se como "cada um dos sons ou grupo de sons que correspondem a um sentido, entre os quais se distribui a linguagem" (Paul Robert, *op. cit.*, p. 1232). Em francês se paga com *mots*, mastiga-se *mots*, gritamos *mot d'ordre* (palavra de ordem), dizemos *mots célèbres, historiques. Mot-valise* (*valise*: mala), expressão cara aos lacanianos interessados, como o próprio Lacan, em Joyce; e que, conforme o dicionário *petit Robert*, data do século XX, significa "palavra composta de elementos não significantes de duas ou várias palavras" (*op. cit.*, p. 1233). A este comentário lexicográfico, André Bolzinger acrescentou o seu próprio sobre o valor semântico de um e outro termo em função dos usos da língua e de sua prática de psicanalista: "O *mot* é um elemento da cadeia lexical, variável segundo sua posição na frase e sua função gramatical (substantivo, adjetivo, verbo, advérbio, preposição, conjunção, etc.). Por ele mesmo, nada significa (ou quase nada). O sentido advém dos elementos contíguos e no mínimo da frase, mas também das outras frases que formam um parágrafo e, enfim, de todo o texto e de seu contexto. Quando falamos em 'parole', estamos bem além desses aspectos formais. Falar de 'parole' é uma maneira de designar o manejo da língua que coloca tudo isso em jogo. Quando o psicanalista intervém a propósito de uma palavra, não é para examinar se está correta ou incorreta, conforme a lição dos dicionários, mas é a propósito do sentido, explícito ou implícito, confessado ou subjacente, e, por conseqüência, tendo memória de toda a frase da qual ela foi extraída. O especialista em lexicografia, ao contrário, analisa a palavra em si mema, tomada isoladamente, restituída em sua estrutura etimológica e na trajetória histórica, sem se preocupar com o sujeito falante e com as dificuldades de seu dizer" (e-mail de 22 de março de 2007).

transmissível sem alterações. Ele está gravado, com efeito, mas sem outro suporte que a própria narrativa, como uma partição que o narrador jamais leu, mas conhece de cor. Um *Witz* permanece assim na memória, sem a continuidade de uma inscrição, desde que se apresente como um conjunto organizado, uma cadeia de palavras inseparáveis, uma seqüência de argolas que não são intercambiáveis: é suficiente segurar uma só delas e todo o resto acompanha.

Sobre os autores

Marcas corporais: em busca do traço unário
Ana Costa
Psicanalista, membro da APPOA, doutora em psicologia clínica (PUC-SP), com pós-doutorado na Université de Paris XIII, professora visitante da UERJ, autora, entre outros, do livro *Tatuagem e marcas corporais* (Casa do Psicólogo, 2003).

Delírios, sonhos e gestos freudianos na última narrativa de Osman Lins
Ana Luiza Andrade
PhD pela University of Texas (Austin) e professora de literatura brasileira e comparada no Departamento de Língua e Literatura Vernáculas da Universidade Federal de Santa Catarina. É autora de *Osman Lins crítica e criação* (Hucitec,1987); *Transportes pelo olhar de Machado de Assis: passagens entre o jornal e o livro* (UNOESC,1999) e de *Outros perfis de Gilberto Freyre* (no prelo, Nankin Editorial, 2005). Tradutora, entre outros artigos da mesma autora, do livro *Dialética do olhar: Walter Benjamin e o projeto das passagens*, de Susan Buck-Morss (UNOESC e UFMG, 2002).

O Witz como modelo de escrita narrativa
André Bolzinger
Trad. *Fernando Aguiar*
Médico, psiquiatra, psicanalista, membro da *Société de Psychanalyse Freudienne*. Publicou *La réception de Freud en France* (Paris: L'Harmattan, 1999); *Freud et les parisiens* (Paris: Campagne/Première, 2002); *Arcanes de la psychose, retour au texte de Schreber* (Paris: Campagne/Première, 2005); *Histoire de la nostalgie* (Paris: Campagne/Première, 2007), colabora na "Revista transdiciplinar lusofrancesa sobre o segredo", *Sigila*, editada por GRIS-FRANCE (). A tradução, adaptação e notas são de *Fernando Aguiar*,

doutor em filosofia pela Université Catholique de Louvain (Bélgica), professor no Departamento de Psicologia e no programa de pós-graduação em psicologia da Universidade Federal de Santa Catarina (UFSC), coordenador (2007-2008) do Núcleo de Estudos em Psicanálise (CFH/UFSC).

Escrita e criação
Andréa Vieira Zanella
Professora do Departamento e do programa de pós-graduação em psicologia da Universidade Federal de Santa Catarina (UFSC), doutora em psicologia da educação (PUC-SP), bolsista em produtividade do CNPq.

Escrita e repetição: do que não cessa de não se escrever
Beatriz Guimarães
Psicanalista, membro da APPOA, mestre em psicologia pela Universidade Federal de Santa Catarina, doutoranda em psicologia (UFSC), componente do Grupo de Trabalho Escrita e Psicanálise (NEP/UFSC), pesquisadora no Núcleo de Estudos em Psicanálise (CFH/UFSC) e da Rede de Pesquisa Escritas da Experiência (CNPq), professora no curso de psicologia do CESUSC.

A invenção do real: sobre escrita e psicanálise
Doris Rinaldi
Professora adjunta do Instituto de Psicologia da UERJ, doutora em antropologia social (UFRJ), coordenadora geral do programa de pós-graduação em psicanálise da UERJ, bolsista do CNPq, procientista da UERJ, psicanalista, membro de Intersecção Psicanalítica do Brasil.

Noite e dia e alguns monocromos psíquicos
Edson Luiz André de Sousa
Psicanalista, analista membro da APPOA, pesquisador do CNPq, doutor em psicanálise e psicopatologia pela Universidade de Paris VII, professor do Departamento de Psicanálise e Psicopatologia e do programa de pós-graduação psicologia social do Instituto de Psicologia da UFRGS, professor do programa de pós-graduação em artes visuais do Instituto de Artes da UFRGS, coordenador junto com Maria Cristina Poli do LAPPAP/UFRGS (Laboratório de Pesquisa em Psicanálise, Arte e Política).

A arte de inventar com pedaços do Real
Ivanir Barp Garcia
Psicanalista, doutora em psicologia pela Universidad Del Salvador, Buenos Aires, ex-professora do Departamento de Psicologia da UFSC, professora do curso de direito e coordenadora do curso de psicologia do CESUSC, membro de Mayéutica Institución Psicoanalítica (Buenos Aires), membro fundador (1984) e ex-presidente da Maiêutica Florianópolis-Instituição Psicanalítica.

A terceira margem da rua
Manoel Luce Madeira
Psicólogo, mestrando na École des Hautes Études en Sciences Sociales, Paris. Trabalhou três anos na equipe do *Jornal Boca de Rua* auxiliando na construção dos textos. Em 2006, realizou com os integrantes do *Jornal* uma oficina de escrita que rendeu a confecção do livro *Histórias de mim* (no prelo). Participou, também por três anos, do projeto de pesquisa *Oficina de escrita: em busca de um reenlace social como oficineiro*. Durante esse período, foi bolsista BIC-UFRGS.

Simone Moschen Rickes
Psicanalista, membro da APPOA, doutora em educação pela FACED/UFRGS, professora do programa de pós-graduação em educação da UFRGS. Coordenou o projeto de pesquisa *Oficina de escrita: em busca de um reenlace social.* Atualmente coordena o projeto de pesquisa *Oficinas terapêuticas: possibilidades e impasses de um trabalho gerúndio.*

Escrita, memória e inutilidades
Mariana De Bastiani Lange
Graduada em psicologia, mestranda em literatura (UFSC), componente do Grupo de Trabalho Escrita e Psicanálise (NEP/UFSC), pesquisadora no Núcleo de Estudos em Psicanálise (CFH/UFSC) e da Rede de Pesquisa Escritas da Experiência (CNPq).

Roland Barthes: a escrita, a pesquisa e o inconsciente
Rafael Andrés Villari
Psicanalista, ensaísta, formado em psicologia, mestre em letras, doutor em literatura pela Universidade Federal de Santa Catarina, coordenador do curso de psicologia da Faculdade Estácio de Sá/SC, autor de *Literatura e psicanálise: Ernesto Sábato e a melancolia* — editora UFSC.

A experiência com a palavra
Rômulo Vargas
Psicanalista, psicólogo graduado pela Universidade Federal de São João del Rei, componente do Grupo de Trabalho Escrita e Psicanálise (NEP/UFSC), pesquisador no Núcleo de Estudos em Psicanálise (CFH/UFSC) e da Rede de Pesquisa Escritas da Experiência (CNPq).

Da escrita e do ato: tramas em Borges
Rosi Isabel Bergamaschi
Psicopedagoga, mestre em psicologia pela Universidade Federal de Santa Catarina, componente do Grupo de Trabalho Escrita e Psicanálise (NEP/UFSC), pesquisadora no Núcleo de Estudos em Psicanálise (CFH/UFSC) e da Rede de Pesquisa Escritas da Experiência (CNPq).

Fantasia, desejo e pulsão: psicanálise e literatura
Sérgio Scotti
Psicanalista, doutor em psicologia clínica pela USP com a tese, *A estrutura da histeria em Madame Bovary*, publicada pela Edusp/Casa do Psicólogo, professor adjunto do Departamento de Psicologia da Universidade Federal de Santa Catarina, coordenador do Núcleo de Estudos em Psicanálise (CFH/UFSC).

A linguagem e o real
Wladimir Garcia
Professor do Centro de Educação e do programa de pós-graduação em literatura da Universidade Federal de Santa Catarina, doutor em *critical theory* pela University of Nothingham, Inglaterra.

Impressão e Acabamento
Bartira
G r á f i c a
(011) 4393-2911